Trugschluss oder Wahrheit? - Texte zur Sophistik unserer Zeit

Adrian W. Fröhlich

TRUGSCHLUSS ODER WAHRHEIT?

Texte zur Sophistik unserer Zeit

Bibliografische Information der Deutschen Nationalbibliothek: Die Deutsche Nationalbibliothek verzeichnet diese Publikation in der Deutschen Nationalbibliografie; detaillierte bibliografische Daten sind im Internet über dnb.dnb.de abrufbar.

Herstellung und Verlag:
BoD – Books on Demand, Norderstedt

ISBN: 978-3-7557-0159-0

Die Fronten stehen unter Waffen, der Krieg tobt, doch man hört ihn nicht. Er findet als Umbruch im Verborgenen statt und betrifft jede und jeden.

Trugschluss oder Wahrheit, das ist heute die Frage.

Man meint immer, es gehe auch ohne Theorie, doch das ist ein gewaltiger Irrtum. Der Krieg ist ein Krieg der Theorie, und er frisst uns alle.

Lebe im Verborgenen! Dazu riet vor Jahrtausenden der Grieche Epikur. Doch das Verborgene ist vergeblich! Die Pfeile von den Katapulten dieses Krieges erreichen jede und jeden, möge man sich noch so verstecken. Es sind Sprachpfeile, Bedeutungspfeile, Pfeile des Nichts und die des Seins.

Langendorf, im Herbst 2021

Du gehorchst, damit es aufhört.

Und gerade, weil du gehorchst,

geht es immer weiter.

Ein Meme, Internet, 2021

Texte

_10_

12

Das Geschichtliche und das Doktrinäre

Ich habe Fragen und ringe nach Antworten. Hier sind einige davon.

Was ist aus deiner Sicht, auf den Punkt gebracht, das fundamentale Problem der Gegenwart?

Du willst *frei* sein, doch sie sagen dir, Freiheit sei ein Konstrukt, das Konstrukt einer Ideologie, die dich dem Kapital unterwerfe. Das heisst, letztlich glauben sie nicht an deine Gefühle, an deine Wahrnehmungen und an deine Erfahrung. Sie wissen es besser. Sie negieren die Unbedingtheit von Empirie und Logik. Um frei zu sein, müssest du, so sagen sie, ihre Ideologie annehmen. Doch in dieser besteht Freiheit lediglich darin, die Ideologie zu vertreten. Nun aber sagen sie dir, dass dies doch im Kapitalismus ebenso sei! Dort bestehe sie auch darin, dessen Ideologie zu vertreten. Und jetzt gehen dir die Augen auf und du erkennst, dass sie dich vor einen Spiegel gestellt haben, dass sie behaupten, das Spiegelbild wäre das Urbild und das Urbild das Spiegelbild! Dass sie nämlich alles, dich und die ganze Welt, spiegelverkehrt sehen! Jetzt merkst du, dass du eingefangen worden bist. Du erfährst: Freiheit ist Gefangenschaft! Güte ist Schlechtigkeit! Hass ist Liebe! Wahrheit ist Lüge! Tod ist Leben! Ja, du bist in Orwells Oceania von 1984 erwacht. Nie hättest du gedacht, dass es einen Weg dorthin geben könnte! Sie sagen dir, sie hätten all dies nur darum getan, weil zuerst du etwas getan habest, nämlich das, was sie das «Eigene» nennen. Indem du etwas "Eigenes" behauptet habest, hätten sie zur Korrektur desselben auf den Plan treten müssen. Sie seien unschuldig, du seiest schuldig!

Wer ist «sie»?

Die Sophisten.

Und wer sind denn diese?

Das Grosslager links von der Mitte, die Mitte selbst und die Medien. Doch stützen sich alle auf die Früchte der Frankfurter Schule. Dort liegt die Wurzel der ganzen Debatte, weltweit.

Was genau ist deren Behauptung?

Dass jede Aussage unabhängig von ihrer Herkunft wertlos sei, dass jede Information indexiert betrachtet werden müsse, dass nichts aus sich heraus über sich selbst hinaus Gültigkeiten besitze.

Damit weisst du, was Befreiung eigentlich meinen würde: Quid pro quo, tit for tat, do ut des, Auge um Auge, Zahn um Zahn. Damit es überhaupt etwas Gültiges geben kann, muss gestritten werden! Der Krieg ist der Vater aller Dinge! Aus dem Orwellstaat bist du beim alten Heraklit, er wohnt nur einen Spiegel weiter. Ohne diesen epistemologischen Krieg bist du ewig ein Unterworfener und stets nur derjenige, der noch ein Letztes zu liefern hat, bevor es aufhört. Doch indem du es lieferst, erhält es sich am Leben.

Das ist wahrlich die Mutter aller Dinge: Dass du nur herauskommst, wenn du hineingehst, nur frei bist, wenn du dich unterwirfst. Zwischen Arbeit und Kapital, zwischen Sozialismus und Faschismus, zwischen Dogma und Rebellion, zwischen Unterwerfung und Freiheit spannt sich das Gewölbe deines Gefängnisses.

Und das gründet in der Sophistik?

Ja, es stellt eine grundlegende Petitio Principii dar und zugleich auch noch eine Fallacia Accidentis, je nachdem, wie man es sehen will.

Wir werden darauf zurückkommen.

Unvermeidlich!

Doch fangen wir noch einmal anders an: Aristoteles wird zugeschrieben: «Toleranz und Apathie sind die letzten Tugenden einer sterbenden Gesellschaft». Stirbt unsere Gesellschaft gerade?

Ja, aber langsam und - immer noch - sehr vergnügt! Sie wagt es nicht mehr, grundlegend frei zu denken und ist dabei froh, immer noch überfressen zu sein und in einem Universum aus Zeug zu baden, das sie in den letzten hundertfünfzig Jahren hervorgebracht hat. Zum Entzücken des Rests der Welt, der das nie zustande gebracht hat. Zu keiner Zeit.

Siehst du heute die Freiheit in Gefahr?

Ja, die Freiheit tout court und auch die Meinungsfreiheit. Doch seien wir ehrlich, es gab seit 1945 noch nie so viel Meinungsfreiheit wie in den letzten zehn Jahren! Früher lag alles in den Händen von Verlagen. Jeder Autor weiß, was das bedeutet. Es gab zwar randständige Kleinverlage, aber abweichende Meinungen waren praktisch nicht publizierbar, vor allem wenn sie einfach nur von intelligenten Zeitgenossen stammten, die ohne Lobby, ohne Uni, ohne „Namen" waren. Da hatte man keine Chance, wenn auch nur der kleinste Missklang im Text zu hören war.

Missklang in Bezug worauf?

Willkommen beim ersten Problem! Missklang in Bezug worauf? Richtig, das war und ist immer noch die Kardinalfrage! Gab und gibt es denn hier im sogenannten freien Westen überhaupt das, was man eine Standardmeinung oder die Meinung des „Systems" nennen könnte? Wie gesagt, wer in der Nachkriegszeit auch immer versucht hat, wirklich Gescheites zu publizieren – und wirklich Gescheites weicht immer vom Mainstream ab, auch vom intelligentesten -, der hat sogleich erfahren, dass mit ihm etwas nicht stimmen konnte, denn er fand keinen ordentlichen Verleger, vor allem keinen namhaften. Irgendetwas an ihm schien vergiftet zu sein. Doch was? Da gab es nirgends ein offizielles Dogma, das in gedruckter Form vorlag, wie man es aus Diktaturen kennt, das Werk eines Diktators oder einer Einheitspartei. Linke Texte, und wichen sie auch stark ab vom Marxismus hatten selten ein Problem, sie fanden den Weg in die Buchläden immer. Es gab genug entsprechende Verlage, die in der Welt der literarischen Produktion hoch angesehen waren. Das Problem existierte nur gegenüber sogenannt rechten Texten. Das ist eben nicht erst heute so – im Gegenteil, heute ist die Szene liberaler, dank des Internets. Ab den späten Sechzigern wurde es für rechte Texte noch schwieriger. Konservative Denker konnten ihre Texte praktisch nur noch in Nischenverlagen ohne Reichweite publizieren. Die meisten scheiterten auch daran, oder sie wollten da nicht hin. Offiziell gab es aber nie eine Zensur.

Die Verlogenheit der Publizistik ist eine der Konstituenten der Nachkriegszeit im Westen. Im

Osten war es anders damit bestellt, dort praktizierte man die Zensur offen, man stand dazu. Alles musste dem Dogma entsprechen. Im Westen aber existierte offiziell kein Dogma.

War das denn vor dem Krieg anders?

Ja, ganz anders, zumindest bis 1936. Damals konnte man praktisch alles publizieren, und es wurde auch alles offen debattiert.

Förderte das den Faschismus?

Nein, aber die faschistischen Ideen setzten sich durch.

Wieso denn?

Weil sie damals sehr viele Menschen überzeugen konnten. Es gab damals noch keine Shoa und keinen Zweiten Weltkrieg. Der Weltkrieg, das war damals noch immer der Erste.

Also ist die Nachkriegszeit unfreier als die Vorkriegszeit, bis 1936, wie du sagst?

Ja. Das wird dadurch zugedeckt, dass die Nachkriegszeit pornografischer ist als die Zeit vorher. Das Freie sieht sich durch das Pornografische ersetzt, das Geistige durch das Körperliche, das Intro- durch das Extrovertierte.

Und wie sieht es nun aus?

Ich habe es in meinen Büchern die *Nachkriegsdoktrin* oder die *NKD* genannt. Offiziell war alles erlaubt, die westlichen Staaten waren Republiken und nannten sich Demokratien. Deutschland war lange Zeit hindurch eine Besatzungszone, aber das hatte in Bezug auf unser Thema wenig Einfluss. Es gab also diesen inneren Widerspruch im Westen: Die Republik erlaubt alles. Aber die Nachkriegsordnung erlaubt nicht mehr alles. Daraus erwuchs eine den Nachkriegsdiskurs kastrierende Doktrin, die NKD.

Die NKD hat drei Komponenten, das *Menschenrecht von 1948*, zweitens der damit verbundene, aber nicht explizit gemachte *Ausschluss eines anderen, dem Einzelmenschen gleichwertigen Rechtsgutes* und drittens der *Shoa-Memorialkult*, wie ich den Komplex rund um den Holocaust und seine Stellung in der Ethikdebatte nenne. Auf diesen drei Pfeilern ruht die „freie Welt" des Westens. Den meisten Zeitgenossen war das entweder unproblematisch oder trivial. Nicht, weil sie mit dem vollen Bedeutungsgehalt dieser Trias einverstanden gewesen wären, sondern weil sie diesen Bedeutungsgehalt gar nicht kannten, und wenn, dann wollten sie ihn nicht vollständig zur Kenntnis nehmen. Denn irgendetwas sagte ihnen, ein Instinkt, dass, wenn man es mit dieser Trias zu fundamental meint, jene Welt nicht mehr haltbar

war, in der sie lebten, in der die erdrückende
Mehrheit der Menschen im Westen lebte.

Das Dilemma zwischen der Republik und der Doktrin der Gesellschaftsordnung wurde einfach verdrängt?

Der westliche Mensch hatte bis zum Ende
des Kalten Krieges im Grunde genommen zwei
Feinde. Zum einen den kommunistischen Ost-
block, dessen Präsenz unübersehbar und aufgrund der Entwicklung der Thermonuklearwaf-
fentechnik immer tödlicher wurde, zum anderen
den Feind im eigenen Haus, der dort in Lauerstel-
lung lag, ständig bereit, die NKD fundamentalis-
tisch auszulegen und von der Politik den Kotau
vor irgendeinem Einzelmenschen zu verlangen,
dessen Rechte in irgendeiner Weise verletzt schie-
nen, und dies stets mit dem Hinweis auf die Shoa,
falls man den Kotau nicht machte. Denn die Shoa
war das, was passieren würde, wenn man nicht
gehorcht. Wenn man nicht gehorcht, rückte man
sogleich nach „rechts“, und wenn man dann seinen Standpunkt untermauerte, galt man unverse-
hens als „Faschist“. „Faschist“ war nun also jemand, der es wagt, gegen die NKD Argumente
vorzubringen, und seien sie noch so unbedeu-
tend. Das Dilemma wurde also zugleich verdrängt, und wo es sich dennoch bemerkbar

machte, aktiv geleugnet. Es war eine kollektive Neurose.

Wie lange konnte man diese Neurose durchhalten?

Wie du weißt, habe in meinen Texten das Ende des Kalten Krieges auch das Ende des Moratoriums einer vollständig umgesetzten NKD genannt. Bis 1989 überspielte und überschattete die *Mutually Assured Destruction* alles. Unter dieser Gefahr konnte man die NKD nicht lupenrein praktizieren. So lange herrschte die Neurose. Nach 1989 entfiel die Gefahr. Sogleich erhob die NKD nun ihr Haupt und verwandelte sich in das, was sie immer schon gewesen war, aber verleugnen musste, in einen Fundamentalismus oder in das, was ich den *politischen Spinozismus* oder *politischen Monismus* nenne. Das bedeutet, dass nun der Umstand, dass es gegenüber dem Einzelmenschen innerhalb der NKD kein vergleichsbares Rechtsgut mehr gibt, voll durchschlug. Seit den Neunzigerjahren beobachten wir daher eine rasant zunehmende Operationalisierung der NKD in Gestalt von allerlei geistigen Fundamentalismen und ebensolchen Organisationen, NGOs, NPOs, Stiftungen, Clubs und Logen, die allesamt antidiskriminatorisch, antirassistisch, antisexistisch und antifaschistisch auftreten, als gäbe es überall Unmengen von Diskriminierten,

Rassisten, Sexisten und Faschisten, denen jetzt endgültig das Handwerk gelegt werden müsse. Nun sieht es fast so aus, als begänne eine neue Revolution innerhalb einer hochgradig faschistischen und rassistischen Welt, deren Republiken und Demokratien bestenfalls Vogelscheuchen sind, die man nun durch die „echte" Demokratie ersetzen müsse. Diese sei nicht mehr eine Herrschaft freier und gleichberechtigter Bürger oder Citoyens, sondern gleichberechtigter Privatpersonen - Idioten, um es griechisch auszudrücken - im Rahmen der von ihnen gewählten Identifikation. Die neue Demokratie ist somit nicht mehr eine Republik des Citoyens, des Homo Politicus, sondern des Privatmenschen, des Homo Ludens. Dieser Mensch will spielen, und die Spiele, die er für sich wählt, identifizieren ihn, und auf diese Identitäten hin muss er im Staat öffentlich auftreten und wirken können, weshalb in diesem neuen Staat die numerische Mehrheit der Menschen, die Kopfzahl, keine grundlegende Größe mehr sein kann, Volksbefragungen keine Grundbedingung für Demokratie mehr sind. Vielmehr ist die entscheidende Größe nun die Gleichberechtigung jener Identitäten, der Spielgruppen, und die neue Mehrheit ist eine Mehrheit von Gruppenidentitäten, nicht mehr von Individuen. Doch wie es immer ist, der Mensch hat dies noch nicht vollständig kapiert, weshalb es ihm von den Vorreitern der entfesselten, fundamentalisierten NKD andauernd eingepeitscht wird.

Die Neurose wurde also durch eine Enthemmung überwunden?

Nein. Sie wurde durch eine neue ersetzt! Verdrängt wird nun die alte Republik mit ihrer staatspolitischen Philosophie und aufgeklärten Ordnung. Die Neurose machte also eine Verschiebung durch.

Nun gilt die *Gesellschaftsordnung* der NKD als demokratisch, die *Republik* hingegen als faschistisch und muss verdrängt werden. Wer auf die Verschiebung hinweist, gilt als Feind. Denn wer einen neurotischen Konflikt direkt anspricht, der wird umgehend verteufelt.

Du bist der Ansicht, dass es von Anfang an das Wesen der NKD gewesen ist, die Republik zu entmachten?

Ja. Es war von Anfang an der Bedeutungsgehalt der genannten drei Säulen der NKD, des Menschenrechts, des Ausschlusses einer zweiten Substanz, eines zweiten fundamentalen Rechtsguts neben dem Individuum, sowie des Shoa-Memorialkults, dass die alte Republik inkommensurabel ist.

*Sind nun aber nicht jene Gruppenidenti-
täten ihrerseits ein solches, verbotenes weiteres Rechtsgut, also letztlich eine Anleihe
beim Faschismus?*

Die Behauptung ist nicht, dass diesen Gruppen Rechtsgutstatus zukomme, sondern den mit
ihnen identifizierten Individuen! Das heißt, man
geht davon aus, dass jeder Mensch eine solche
Identifikation mitbringt, ob er es weiß oder nicht,
dass sie zu seiner Grundausstattung als Einzelner
gehöre. Dies untermauert man dadurch, dass man
als diese Gruppenidentitäten vor allem ge-
schlechtliche (sexuelle und genderologische)
Identifikationen versteht. Aber eben auch andere
Merkmale der Inkarnation, Rasse, körperliche,
geistige und psychische Beeinträchtigungen, die
konstitutiv sind, aber auch über die Existenz hin-
ausweisende geistige Merkmale wie die Religions-
zugehörigkeit und die Kultur. Man sagt also im
Grunde genommen, dass es jenen Citoyen nicht
gab, nie gegeben habe, der ohne diese Identifikationen auskommt. Er sei eine Fiktion der herrschenden Klasse gewesen, der Weißen, der Männer, der Heterosexuellen, etc. Man hatte gesehen,
dass gewisse dieser Identifikationen, ohne die es
kein Zoon Politikon gebe, wie man glaubt, diskri-
miniert werden. Indem man nun dagegen vorgeht, vereigentlicht man die Demokratie, wie man
glaubt, liquidiert aber deren altes Kriterium der

„Mehrheit" als einer Mehrheit stimm- und wahlberechtigter Bürger. Man erkannte gleichzeitig: Wenn es gelänge, diese „Mehrheit" zu disqualifizieren, und zwar zugleich philosophisch, ethisch und praktisch, dann könnte man alles „rechts von der Mitte" ausschalten. Denn die Bürger der Mitte und jene Konservativen rechts davon leben vom Gedanken, dass die „Volksmehrheit" über die Politik bestimme. Diese gehe nun aber zurück auf das Konzept des noch nicht gruppenidentifizierten reinen Individuums, kontert die NKD. Wie sagte ich eingangs? Akzeptiert wird jetzt nur noch, was indexiert ist. Der Standpunkt erhält seine Legitimation immer nur von der dahinterstehenden Identitätsgruppierung.

Doch das sei eine Petitio?

Ja, wir sagen ihm so.

Mir scheint, dass das Konzept einen Widerspruch enthält. Wurden die geschlechtlichen Grundidentitäten nicht mit dem Frauenstimmrecht und der Frauenemanzipation bereits erfüllt? Und gehörte zur NKD nicht auch ein fundamentaler Antirassismus? Zudem gehörte zum westlichen Staat auch die Laizität!

Es scheint so, als würde sich die NKD, indem sie sich entfaltet, in einen inneren

Widerspruch verheddern. Denn eigentlich war mit der Zulassung der Frauen zur vollen Breite der Politik und mit der Emanzipation zur vollen Breite des gesellschaftlichen Lebens das Postulat erfüllt, dass das Individuum primär mit einer sexuellen Gruppe identifiziert ist. Im Shoa-Memorialkult ist zudem jeder Rassismus exkludiert, ebenso im Menschenrecht, das ist seit langem praktisch allen Menschen klar. Zudem wäre eine Rasse genau jenes zusätzliche, gleichwertige Rechtsgut, welches verboten ist. Durch die Rückstufung der Religionen auf bloße Ansichten, auf Philosophien, wurde ja mit dem Laizismus auch in diesem Bereich Egalitarismus eingeführt. Wie also kommt es nun, dass wir heute, ungefähr seit zwanzig Jahren, in der Politik jene zusätzlichen Strebungen haben, die wir erwähnten? Die Antwort darauf verweist wieder auf 1989, auf das Ende des Kalten Krieges und die Implosion der kommunistischen Welt. Im Unterschied zur Implosion der faschistischen Welt 1945 wurde 1989 und in der Folgezeit nie über die marxistische Ideologie und über die Exponenten marxistischer Politik Gericht gehalten. Es gab nie ein „rotes Nürnberg", und die größere Hekatombe roter gegenüber brauner Politik wurde nie in einen „Liquidations-Memorialkult" oder einen „Revolutionsmord-Memorialkult" übersetzt und in einem solchen operationalisiert. Das hatte zur Folge, dass die NKD nach 1989 mit neomarxistischen Ideen aufmunitioniert werden durfte und umgehend auch entsprechend instrumentalisiert worden ist. Die beiden neuen Elemente sind die Genderideologie und die Critical Race Theory CRT. Die Genderidee erweitert die geschlechtlichen Identifikationsmöglichkeiten um mindestens eine Größenordnung. Das gelang entgegen dem Augenschein nur, indem man das biologische Geschlecht für irrelevant erklärte, beziehungsweise jede Form der Geschlechtlichkeit für ein „soziales Konstrukt". Dasselbe geschah in der CRT mit dem Begriff der Rasse, deren biologische Basis im Einklang mit der Anthropologieforschung gestrichen und durch eine „soziale Konstruktion" ersetzt wurde. So konnte und kann man *gleichzeitig* darauf hinweisen, dass man keine Rassen kenne, und dass jeder von uns mit seiner Rasse identifiziert sei, und dass dies – Abrakadabra! - kein Widerspruch sei! Durch die neuen Instrumente wurde die NKD potenter, wurde formulierbar und einklagbar. Der Diskurs war ohnehin bereits weit über die rein geistige Auseinandersetzung hinausgewachsen und ist nun eine Praxis, jene von NGOs, NPOs, Clubs, Stiftungen, Universitätsfakultäten und Aktivisten.

Wieso durchschauen das viele Menschen nicht?

Sie alle durchschauten bereits jenes Moratorium nicht. Sie verfielen 1945 der Sophistik, jener, die Aristoteles gemeint hat, also fundamental trugschlüssiger Argumentation, wie sie für Kriegspropaganda typisch ist.

Doch wieso eigentlich?

Weil im Marxismus eine entsprechende Schublade existiert. Und auch, weil wir Menschen ein bisschen dumm sind.

Die „Rechte" hat es zugelassen?

Das zeigt, dass sie keine Ahnung hat, was seit 1945 gespielt wird. Sie hat sich auf eine republikanische Vernunft zurückgezogen und auf den guten alten Common Sense. Damit hat sie aber keine Argumente gegen die Linke, denn all dies ist für diese Ausdruck einer fundamentalen Diskrimination! Der Common Sense beispielsweise ist ein „weißes Konstrukt", die Beschränkung auf „Mann und Frau" desgleichen, und beide Konstrukte verewigen Herrschaftsverhältnisse, Eigentumsverhältnisse, die in sich selbst diskriminierend und repressiv vorgehen. Wer sich auf solche Instrumente beruft, wird als „Faschist" bezeichnet.

Welche Rollen spielen vor dem Hintergrund dieser Entwicklung die Sozialforen des Internets?

Sie waren und sind allentscheidend für beide Seiten! Sie waren für die „Rechte" die Rettung, wie ich schon sagte. Die Gatekeeperfunktion der Verlage war gebrochen. Die Verlagszensur wurde zahnlos. Die Meinungsvielfalt explodierte. Doch was hat sich dadurch offenbart? Dass die Medien „links" sind! Das waren sie aber schon immer, entsprechend der Stellung der NKD in der westlichen Nachkriegsgesellschaft. Die Medien waren die Zeremonienmeister der Neurose. Auch heute noch sind sie das! Solange es die unfreie Welt des Kommunismus gab, befleißigten sich die Medien einer Recherchenkultur und einer Berichterstattung, die bemerkenswert propagandistisch war, fast wie im Weltkrieg. Es ging darum, die „Lügen" der Gegenseite aufzudecken und die jeweiligen Regimes zu schwächen. Das ist gut gelungen. Man war darum im eigenen Land versöhnlicher, als man es eigentlich hätte sein wollen. Man gab sich neutraler, trennte Fakt und Meinung voneinander, soweit man gehen mochte. Das führte zu einem Missverständnis, das fünfzig Jahre lang das Bewusstsein der Massen im Westen bestimmt hat. Die Massen glaubten, dass die Medien die *Vierte* Gewalt im Staate seien, eine Instanz, die den drei anderen Instanzen auf die

Finger schaue. Bis 1939 war das auch korrekt, danach aber nicht mehr. Auch die konservative Masse glaubte, sie werde von den Medien vertreten gegen Übergriffe des eigenen Staates auf den Bürger. Und bürgerliche Politiker wurden weitgehend medial geschont, so dass sie sich legitimiert wähnten, ihre Positionen vertreten zu dürfen, ohne dass eine Diskrepanz zur NKD moniert werden konnte. Doch nach dem Fall der Mauer, nach dem Senken des Eisernen Vorhangs änderte sich das. In der von Merkel und Obama bestimmten letzten Periode dieser Entwicklung zeigte es sich, dass die Medien die NKD nun voll operationalisieren, denn das größte Hindernis dagegen war gefallen. Es bedeutete, dass die Medien nun auch gegen die bürgerliche Politik aktiv werden. Damit erscheinen sie heute *nicht mehr* als Vierte Gewalt, sondern werden klar erkennbar als Propagandainstrumente der im Einklang mit der NKD stehenden Politik, die ihrerseits nun als eine weitgehend linke imponiert, zudem konfrontiert ist mit einem relativ neuen Truppenaufmarsch in Gestalt der NGOs, NPOs, Clubs und Stiftungen, die immer aktiver und direkter in die Politik eingreifen und allesamt der sich fundamentalisiert habenden NKD verpflichtet sind. Damit rückte die bürgerliche Mitte scheinbar nach rechts, ja sehr weit nach rechts, sobald sie anfing, sich gegen diese Entwicklung zu wehren.

Die Neurose hatte sich verschoben. Jetzt zeigt es sich, dass es seit dem Ende des Weltkriegs ideologisch und fundamentalpolitisch mit jeder nichtlinken Politik schon immer schlecht bestellt gewesen war. Nur der realexistierende Sozialismus im Osten hat verhindert, dass es frühzeitig ans Licht kam. Doch jetzt erkennt es jeder. Die Rechte steht jetzt nackt im linken Licht. Links gibt die Tiefentheorie vor, Rechts verkennt das oder hält es immer noch für marginal. Ein fataler Selbstbetrug.

Gibt es denn heute niemand, der die volle Diskursfreiheit, die es vor 1936 noch gegeben habe, vertritt?

Doch, es gibt einzelne Figuren, die das tun. Mir kommt als Schweizer spontan Roger Köppel in den Sinn, der Politiker und Journalist. Darum stellt er eine Bedrohung für die verschobene Neurose dar, überhaupt für die Neurose der Nachkriegszeit. Unbewusst will er den durch den Weltkrieg zerstörten Diskurs fortsetzen. Doch verstrickt er sich in den Widerspruch, der von der Shoa ausgeht. Er kann sie nicht ausblenden und damit auch nicht die NKD. Davon könnte er sich nur erretten, wenn er das Rote Nürnberg forderte.

Dank der Internetforen sehen wir seit etwa 2010 immer mehr Alternativen und entdecken den Mainstream als eine hauptsächlich linke Meinung und nicht mehr als die Berichterstattung schlechthin. Jetzt zeigt es sich, wie viele Menschen konservativ sind, und wie viele nicht begriffen haben, was die NKD ist. Jetzt zeigen sich erstmals wieder faschistische Tendenzen, die über die üblichen Randerscheinungen hinausgehen. Doch werden sie getoppt von den linken Neofaschismen der CRT und von der Gruppenidentitätslehre, weit mächtigeren Werkzeugen, die im Einklang mit der marxistischen Dialektik stehen und eben auch im Einklang mit der NKD. Selbstverständlich hat man sofort begonnen, die Sozialforen zu zensurieren, um die alte Verlagshoheit wiederherzustellen. Gelänge das, würde es bedeuten, dass es keine Opposition mehr gegen die vollständige und endgültige Umsetzung der NKD geben kann.

Was wäre die Folge davon?

Nun tritt ein Totengräber auf den Plan. Der Totengräber ist der Hass derer, die es dem Westen heimzahlen wollen, koste es, was es wolle. Die erste Inkarnation dieses Hasses war verständlich, sie führte zum Shoa-Memorialkult. Hier etablierte sich der Hass als absolutistisches Vergleichsverbot und als das Postulat der Unverjährbarkeit der Systemmorde der Nationalsozialisten und damit der Deutschen als ein Volk. Heute hat sich dieser Hass auf alle übertragen, die nicht zur westlichen, zur weißen Welt gehören oder gehören wollen, und jene Systemmorde wurden erweitert um alle Herabsetzungen, Diskriminationen, Unterdrückungen, die in der westlichen Zivilisation je stattgefunden haben. Jetzt geht das alles nicht nur die Deutschen an, nun ist jeder Weiße ein im Geruch des Faschismus Stehender, ein unverjährbar Verantwortlicher für die gesamte, weiß bestimmte Geschichte mit ihren Morden und Gräueltaten.

Du sagst, diese Entwicklung sei eine des Hasses?

Natürlich. Es ist derselbe radikale Revanchismus, den bereits die Nazis bis in den Exzess hinein betrieben hatten, gegen ihren eingebildeten Feind, den sogenannten Untermenschen.

Der Hass kämpft heute für das Gute?

Selbstverständlich verstehen die meisten Weißen die Welt nicht mehr. Sie hatten doch gegen die Nazis gekämpft und sie besiegt! Und jetzt gelten sie alle als Nazis, und sie alle seien verantwortlich für die Geschichte. Das weisen sie von sich, begreiflicherweise. Doch kommen sie auch hier zu spät. Ihr Grundfehler ist ihre Arroganz, dass sie die Tiefentheorie in der Politik nie ernstgenommen haben. Denn hätten sie gewusst, auf welchen Sand die Welt seit 1945 gebaut ist, hätten sie schon vor Jahrzehnten reagiert!

Konnte man denn überhaupt reagieren?

Ja, mit der Entwicklung einer konservativen Tiefenlehre. Das erfolgte aber nie.

Du glaubst also nicht, dass die Rechte sich in irgendeiner Weise durchsetzen könnte?

Sie kennt ihren Todfeind nicht. Sie kennt den kritischen Neomarxismus nur als etwas, was gegen das „Offensichtliche" verstoße und „irre" sei. Damit verkennt sie die sophistische Potenz von dessen Argument. Sie versäumt es erneut, eine Grundlagentheorie der Gesellschaftsentwicklung auszuarbeiten. Sie verweist auf den „Markt". Das genügt nicht. Sie scheut es, sich mit dem radikal verdrängten, verteufelten, hochgradig neurotisch besetzten Kernproblem der Neuzeit auseinanderzusetzen, der Biologie des Menschen. Sie ortet sich selbst jenseits solcher Argumente und beansprucht demnach denselben Boden wie die Linke, verfügt aber nicht über eine alternative Basistheorie. Damit ist sie in einer sicheren Verliererposition.

Du hast von «Smenokratie» gesprochen als der politischen Neufassung der Demokratie.

Heute zählt nicht mehr der Bürger, der Citoyen, das staatspolitische Individuum, sondern ein gruppenidentifizierter Mensch, ein kollektiver Mensch aufgrund einer entweder sexuellen oder rassistischen Provenienz. Ich nenne diese sich wandelnden Gruppen *Smenoi*, Schwärme. Ihr Credo ist Equality, nicht Freiheit. Letztere existierte für sie nur im Schwarm derer, denen es gleich ergeht. Da alle Schwärme „gleich" seien, könne es in einer Demokratie nicht mehr um numerische Mehrheit der Individuen gehen, sondern um die Mehrheit der Schwärme. Diesbezüglich sei es nun so, dass die Heterosexuellen und die Weißen nur jeweils einen einzigen Schwarm bildeten, während es noch mindestens fünfzig weitere gebe, die alle die gleichen Rechte im Staat besäßen, so dass die wahre Mehrheit eine Mehrheit der Schwärme sei, numerisch also zunächst eine radikale Minderheit von Individuen. Doch sei dies nur so, weil man deren Reproduktion und Einwanderung und deren Chancengleichheit bisher verhindert habe, so dass es jetzt darum gehen müsse, die Lebensräume dieser Schwärme aufzufüllen, um die Weißen und Heterosexuellen zu jener Minderheit zu machen, die sie im Grund schon immer dargestellt hätten. Im Grunde ist das eine neue Form und Dimension von *Gaslighting*. Und das bedeutet: *Equality kills Liberty*.

Gaslighting? Wie meinst du das?

Gaslighting ist eine Methode, die uns vorgaukelt, wir pflegten eine falsche Wahrnehmung der Wirklichkeit und auch von uns selbst. Der Gaslighter, der Mobber gaukelt uns einfach eine andere Wirklichkeit und ein anderes Selbstbild vor, von denen er behauptet, dass alle Menschen sie wahrnähmen. Da wir in der Minderheit sind, erliegen wir dem Selbstzweifel, denn vage wissen wir, dass Wahrheit universelle Einklagbarkeit bedeutet, ein Umstand, den die Mobber gnadenlos ausnutzen, sophistisch überdrehen.

Gaslighting ist eine eingeborene Methode des Narzissmus. Orwell hat mit seinem berühmten Beispiel von 2 + 2 = 5 gezeigt, wie Gaslighting unter Folterbedingungen funktioniert. Heute sagen zum Beispiel alle Politiker mit Ausnahme der rechten, dass ihre Länder „Einwanderungsländer" seien, und sie reden so, als habe man sich demokratisch darauf verständigt, als habe vorgängig dazu ein Diskurs stattgefunden und als repräsentiere diese Überzeugung deren Ergebnis. Der gewöhnliche Bürger wird dadurch an seiner Wahrnehmung irre und beginnt sich zu fragen, ob er etwas verpasst habe. Intellektuelle beginnen damit, diese Politik und den nicht stattgehabten Diskurs apologetisch zu rationalisieren, um nicht selbst irre zu werden. Sie finden Gründe, weshalb der nicht stattgehabte Diskurs doch stattgefunden habe und wieso es offensichtlich sei, dass ihr Land ein „Einwanderungsland" sei. Ohne diskurstreibende Gaslighter wären sie alle aber nie auf die Idee gekommen, dass dem so sein könnte.

Du sagst also, dass diese Entwicklung auf die Shoa zurückgeht? Dass es ohne sie all das nicht gegeben haben würde?

Ja und nein! Die Shoa war die Antwort Hitlers und der Faschisten auf die damals historisch noch beispiellosen Morde der Bolschewisten und auf die von den Marxisten ausgehende Gefahr der sophistischen Übernahme des kulturellen Diskurses. Die Menschheitsverbrechen der Kommunisten und die sich daraus entwickelnden Bürgerkriegsgräuel allein hätten den Diskurs niemals dazu gebracht, eines dieser Verbrechen zum Maß aller Verbrechen zu machen. Sonst wäre das bereits vor 1933 geschehen. Es gab lediglich moralische Empörung. Was an den Hitlerverbrechen das Neue war, war nicht deren Industrialität. Diese war lediglich das Deutsche an der Sache. Das Neue war auch nicht, dass es gegen eine ideologisch identifizierte Gruppierung ging. Das hatten die Bolschewisten alles auch getan. Das

Neue für unsere Epoche war, dass es gegen „die Juden" ging. Die Juden sind das Volk Gottes gerade auch der Christenheit und damit auf eine irrationale Weise unantastbarer als jedes andere Volk der Erde. Man erkennt das am Umgang mit anderen Genoziden in der neueren Geschichte. Kein Genozid hat je die Stellung erreicht, welche die Shoa einnimmt. Die Juden wurden über zwei Jahrtausende von den Christen verfolgt, weil sie Jesus verraten hatten, wurden zugleich aber in einer Sonderstellung gehalten, weil sie das Volk Jesu und der Propheten sind. Diese widersprüchliche, ja neurotische Position machte sie zum idealen Sündenbock, zugleich aber auch unangreifbar. Wie man zum „Juden" steht, offenbart, wie man zum „Menschen" steht., zu jedem Einzelnen. Jeder ist zugleich ein Verräter am Menschen und der Stellvertreter eines jeden anderen Menschen. Jeder von uns ist der „unantastbare Sündenbock". Die Sonderstellung der Shoa ist immer auch jene des Menschen an sich. Ohne die Shoa hätte es die Sonderstellung des Menschen vor sich selbst so wohl nie gegeben, wie wir sie heute pflegen, auch nicht angesichts der über hundert Millionen Toten des Marxismus. Das ist eine zutiefst westliche Neurose. Im Juden traf der Mord jeden Menschen als Mensch. Dass der Westen jedoch darum gegen Morde sei, ist verlogen, denn ohne die Shoa wären ihm Morde politische

Notwendigkeiten. Es ist der neurotische Konflikt der westlichen Kultur, ein ödipaler. Nicht, dass die Israeliten „Götter" töteten, dass sie *diesen* Gott töteten, machte für Moses damals den Unterschied, als sie ums Kalb tanzten. Das Eliminieren von Göttern war kein Sakrileg, aber die Elimination dieses Einen war es. War ein radikaler Verstoß gegen den Vater. Der Versuch, den Vater zu töten.

42

Das Mehrwertige und das Gezüchtete

Das Bild, das du am Schluss von den Konservativen, den Rechten, gezeichnet hast, ist etwas prekär. Den Armen bleibt anscheinend nichts anderes übrig, als zwischen Stoa und Garten zu wählen?

Im Großen sind sie Stoiker, im Persönlichen Epikureer. Im Großen warten sie, bis man sie köpft, im Kleinen nutzen sie den Tag. Das ist die kürzeste Fassung heutiger konservativer Weltanschauung angesichts der Bedrohungslage. Der Konservative ist zufrieden mit dieser Aussicht. Tief in seinem Inneren hat er das Handlungsgesetz abgetreten, hat resigniert, ein Umstand, der ihn erstaunlicherweise erlöst. Er muss nicht mehr, wie der Linke, große, weltgeschichtliche Ziele erreichen, die halbe Menschheit befreien und sich dafür kasteien. Er ist aus der Geschichte entlassen, gehört nicht mehr zu ihren Maschinisten. Er genießt den Tag, das ist, was er tut, indem er arbeitet, Kapital anhäuft, das Leben genießt. Für den Tod hat er seinen Glauben, aber nicht zu viel davon, gerade genug, um ihm die größte Angst zu nehmen. Nirgendwo ist er Fundamentalist, außer, was seine Handlungs- und Denkfreiheit angeht, da bleibt er unversöhnlich. Denn sie sind alles, was er hat. Weder hat er mit der Shoa etwas zu tun, noch würde er jemals Faschist werden wollen, die Genderwissenschaft hält er für Humbug, die Critical Race Theory für

Schwachsinn. Er weiß es einfach, denn es scheint ihm offensichtlich zu sein, bedarf für ihn keiner Erörterung. Darum kann er auch uns beide nicht verstehen, dass wir solche Gespräche führen. Am Ende versaut man sich doch nur den Tag damit. Er hat es aufgegeben, das Werk seiner Vorfahren zu verteidigen. Er hat es verloren gegeben und lügt sich was vor, um es sich nicht eingestehen zu müssen.

Was wird man dereinst über ihn sagen?

Man wird ihn vergessen haben.

In welcher Lage stecken wir als Konservative, wenn wir so denken, wie du es eben skizziert hast?

Um dir die Lage vor Augen zu halten, stell dir einen antiken Schlachtverlauf vor. Deine Truppen stehen in einer Phalanx und hindern den Feind daran, deinen Kommandohügel einzunehmen. Deine Front hält stand. Das feindliche Hauptquartier befindet sich hinter den gegnerischen Linien und liegt auf dem Gegenhügel, wo du die Fahne von Marx und Engels wehen siehst. Die Truppe des Gegners bestehe – es handelt sich ja hier um einen politischen Kampf - aus Sozialdemokraten, Sozialisten, Antifaschisten und mittebürgerlichen Auxiliarverbänden. Deine Truppe besteht aus Bürgerlichen aller Couleur und aus einer utopistischen Fraktion von Gutmenschen und geschäftigen Mittelständlern.

Die traditionelle Grundaufstellung der Fußtruppen in Form von Phalangen sieht sich um die Kavallerie – nehmen wir an, das seien die jeweiligen Ideologen - ergänzt, die auf beiden Seiten hinter den eigenen Linien auf ihren Einsatz wartet.

Was dich am Feind beunruhigt, ist, dass er augenscheinlich über mehr Kavallerie verfügt als du und offenbar auch über zusätzliche leichte Truppen, irgendwelche Aktivisten und Anarchisten, die der Kavallerie beigesellt sind, die dir hier zum ersten Mal auffallen.

Ehe du dir darüber klar werden kannst, was das wohl bedeuten könnte, nimmt die Schlacht eine für dich vorteilhafte Wendung. Halleluja! Die Mitte der gegnerischen Phalanx weicht. Es sind die schweren Hopliten der Sozialdemokraten. Eine Schwäche also, die deine Kommandeure auszunutzen versuchen, indem sie dem weichenden Gegner nachsetzen. Es sieht jetzt so aus, als gelänge es den Deinen, den Gegner in der Mitte zu spalten und damit in einen fatalen taktischen Nachteil zu versetzen.

Doch was zunächst wie der sich anbahnende Sieg aussah, weil deine Mitte vorrückte und den weichenden Gegner verfolgte, stellt sich bereits nach kurzer Zeit als Falle heraus. Der Gegner zieht jetzt die beiden Enden seiner eingedrückten Phalanx um deine Truppen herum zu einem Sack zusammen. Das hattest du nicht erwartet.

Sobald du das Unheil erkennst, befiehlst du deiner Reiterei, einer Abteilung bürgerlicher Ideologen, über deine rechte Flanke anzugreifen. Der Gegner pariert den Angriff mit den erwähnten Fußtruppen der Anarchisten, Chaoten und Aktivisten und einem kleineren Teil seiner Kavallerie und vereitelt so die Wirkung deines Flankenangriffs. Deine Reiter werden zersprengt, denn den gegen sie eingesetzten, für sie ungewohnt zusammengewürfelten Gegnern aus Fußkämpfern und Reitern können sie nicht standhalten.

Zur gleichen Zeit aber schickt dein Gegner den Hauptharst seiner Reiterei – seine eigenen Ideologen also - über deine linke Flanke in Richtung auf dein Hauptquartier und stürmt es im Galopp. Ehe du gefangengenommen wirst, siehst du noch, wie deine Fußtruppen, bürgerliche Hoplitenhaufen, von den Hopliten des Gegners, den Sozialdemokraten, eingekesselt werden.

Du fällst dem Feind überraschend widerstandslos in die Hände, während die meisten deiner Offiziere fallen. Der Kessel, der sich um deine Kerntruppe in der Mitte gebildet hat, wird nun so eng, dass sie sich nicht mehr entfalten kann und niedergemacht wird. Die feindliche Reiterei verfolgt Tausende von Fliehenden und vereitelt Ausbruchsversuche der Umzingelten, bis diese entweder aufgeben oder niedergestreckt sind.

Du wirst, als ein altklassisch gebildeter Mensch, erkannt haben, welche Schlacht ich hier zum Vorbild nahm.

Die Schlacht bei Cannae des Zweiten Punischen Kriegs, in der Hannibal die Römer schlug?

Ich habe sie aus der Erinnerung skizziert, im Detail mag sie etwas anders verlaufen sein, darüber streiten sich die Historiker ja heute noch. Beinahe das gesamte römische Heer von annähernd neunzigtausend Legionären fiel oder wurde gefangen genommen. Damit war der Weg Hannibals nach Rom frei.

Doch halt! Der Gebildete ist auch immer ein Gewitzter! Er versteht sein Wissen zu verwenden und aus ihm zu lernen, und er ist ein Meister des Lerntransfers. Der Ungebildete geht an all dem vorbei wie an den ihn nicht interessierenden Fassaden der Häuser einer Stadt.

Die Front, die sich zwischen den beiden Phalangen gebildet hat, ist die klassische zwischen Links und dem Rest der Politik. Links versuchte früher durch Revolten und Revolutionen, durch politische Umstürze, eine Umwälzung der Verhältnisse zu erzwingen. In meiner Metapher bedeutete dies, dass Links in einer herkömmlichen Schlacht versucht haben würde, deine Phalanx im Kampf Mann gegen Mann zu werfen, im klassischen Gemetzel also. Doch ist genau das den Linken bisher nicht gelungen. In allen Schlachten führte diese Strategie nicht ans Ziel.

Würde der Kampf nun auch in meinem Cannae zwischen Phalangen geführt, hätte Mitterechts gute Chancen, Links zu werfen. Es käme hauptsächlich auf Masse, Disziplin und Führung vor Ort an. Alles andere wäre zweitrangig, insbesondere die Ideologie.

Das taktische Rückzugsmanöver der Mitte der gegnerischen Phalanx, das zur Sackbildung führte, entspricht der Preisgabe des Ostblocks, in Deutschland der Preisgabe der DDR. Das Mitterechtslager rückte nach, um den Gegner zu spalten. Das würde gelingen, gäbe es nur dieses eine, zentrale Kampfsegment. Das Nachrücken von Mitterechts in den sich bildenden Sack erscheint rational, wenn man annimmt, dass die Schlacht hauptsächlich hier geführt wird.

Ein Irrtum. Erstens ist das Weichen der Mitte, wie erwähnt, ein taktisches Manöver, es signalisiert keine Kampfschwäche der beteiligten Truppenteile. Zweitens rücken die beiden Enden der Phalanx deines Gegners im Gegenteil sogar vor und bilden einen Sack. Wollten sie die Spaltung ihrer Phalanx verhindern, wenn sich diese aus Schwäche zurückzieht, würden sie mit ihr zurückweichen, um die Delle zu glätten. Dass sie jedoch umgekehrt zur Sackbildung ausholen, zeigt, dass es sich um ein Manöver handelt. Das wiederum zeigt, dass es weitere Kampfkontingente geben muss, welche die Sackbildung schützen. Das entspricht politisch dem trügerischen Machtverlust der Sozialdemokratie bis etwa 2010, so dass man damals etliche Einordnungen las, wonach die Linke politisch erledigt sei.

Dem genauen Betrachter des Terrains und der Kampfkräfte war jedoch klar, dass das genaue Gegenteil der Fall war. Die Linke war dabei, Mitterechts einzusacken.

Um dies zu verstehen, müssen wir die Umgehungsmanöver einordnen. Nachdem du deine Kavallerie rechtsherum losgeschickt hast, schicktest du als Politiker deine Markttheoretiker los, um die gegnerischen Kräfte der zweiten Welle zu binden, damit sie den sich bildenden Sack nicht allzu rasch zuschnüren können. Deine

Theoretiker treffen nun aber auf ungewohnte
Truppengattungen, auf Schleuderer, leichte Fußtruppen und Reiterei, die deinen Flankenangriff
in ein tiefgestaffeltes Netz an Abwehrkräften ga-
loppieren lassen, wo er sich festsetzt. Die unge-
wohnten Hilfstruppen sind die Klimaaktivisten
und die Klimawissenschaft, angeführt von Greta
und dem IPCC, und schließlich das Coronavirus
und die Pandemie COVID-19.

Der Flankenangriff, der dem Gegner den
Mut nehmen sollte, seinen Kessel zu stabilisieren,
versandet also in einer unübersichtlichen Gemen-
gelage aus neuartigen Auseinandersetzungen.

Also hat sich die vermutete Schwäche der
Linken in den Jahren zwischen 1990 und 2010 als
ein taktisches Manöver herausgestellt, als Bauern-
opfer, während sich grüne und später gesund-
heitspolitische Kräfte als der Kraft deiner markt-
theoretischen Kavallerie überlegen herausgestellt
haben.

Während deine Theoretiker kein Terrain
gutmachen konnten und entweder aufgerieben
wurden oder zurückwichen, spielt das gegneri-
sche Kommando unter der Fahne von Marx und
Engels nun seine Trumpfwaffe aus. Zunächst
schien es noch, als würde auch Links das klassische Flankenmanöver mit seiner Reiterei ausfüh-
ren, denn politisch gesehen entfaltete das linke

Lager zunächst wieder einmal die alte marxistische Mehrwerttheorie, die sich, weil dialektisch, historisch gesehen als schlecht angreifbar erwiesen hatte. Aus dieser Theorie heraus aber entwickelte sich nun plötzlich der Flankenangriff über die Weiterentwicklung der Urtheorie zur Kritischen Theorie (Frankfurter Schule, Marcuse) und drang schließlich mit der Critical Race Theory und mit BLM bis auf deinen Feldherrenhügel vor und nimmt dich gefangen. Es zeigte sich, dass deine eigene, rückwärtig positionierte Theorie, jene der Nachkriegsdoktrin mit der einzigartigen Stellung des Menschenrechts, mit dem Monismus des Menschen und dem Shoa-Memorialkult, dem fundamentalistischen Menschenrechtsmonismus der Linken in Gestalt von BLM, CRT und den Konzepten der Inklusion und der Diversity nicht standhalten kann, dass sie vielmehr zum Feind überläuft, um sich zu retten. Damit bist du erledigt und kannst nicht einmal mehr fliehen.

So hast du in diesem Cannae die Erfahrung gemacht, dass du in Wahrheit keine rückwärtige Theorie hast, die diesen Namen verdient, und als du dich auf ihr jämmerliches Korrelat verlassen wolltest, stellte es sich heraus, dass der Gegner es mühelos kassiert. Du erkennst jetzt, dass deine übliche Weigerung, dich mit einem theoretischen Unterbau zu beschäftigen, weil du arrogant auf „den gesunden Menschenverstand“ und das

„Offensichtliche" vertrautest und glaubtest, dass jede Abweichung davon als „verrückt" durchschaut werden würde, dich sehr rasch zu Fall brachte. Mit anderen Worten liegt der Grund für deine totale Niederlage in deiner Arroganz und in einer gewissen Müdigkeit, dich mit einem solchen Gegner messen zu sollen.

Hannibal hätte seine Freude an dir gehabt. Was lernen wir aus deinem Beispiel?

Du musst eingestehen, dass der Gegner klüger war als du, dass er all das, was du für überflüssig oder verrückt gehalten hast, nämlich den Bau eines theoretischen Fundaments auf der Basis einer unangreifbaren Gesamttheorie – unangreifbar, weil jeder Angriff darin bereits vorweggenommen und kastriert ist – mustergültig betrieben und es niemals aufgegeben hatte, daran weiterzuarbeiten, auch nicht 1989, zum Ende des sogenannten realexistierenden Sozialismus. Er ist sich auch nicht zu schade gewesen, den sogenannten „Marsch durch die Institutionen" zu absolvieren, wie man in den späten Sechzigern sagte. Du erinnerst dich: Hannibal marschierte von Sagunt in Spanien über Südfrankreich, die Alpen, durch die Poebene und durch ganz Mittelitalien bis nach Cannae in Apulien. Das war *sein* langer Marsch.

Es stellt sich heraus, dass jene für dich irren Lehren eines Horkheimer, Adorno, Marcuse und Habermas, eines Foucault, Derrida und Lukacs, zu deiner Umrundung geeignet sind, dass sie es sind, die auf dem Höhepunkt der Schlacht die Haltlosigkeit deiner Position offenbaren. Versuchst du dich auf deine Basistheorie vom Menschenrecht zurückzuziehen, siehst du dich dort überflügelt, und versuchst du, auf den gesunden Menschenverstand, auf Empirie und Evidenz zu verweisen, zeigt dir nun dieser Hannibal, dass das nur partikulare Meinungen unter vielen sind, dass sie keinen übergreifenden Beweischarakter besitzen.

Am Ende des Tages bist du so radikal besiegt wie die Römer bei Cannae. Du kannst nur noch hoffen, dass der heutige Hannibal denselben Fehler macht, wie der punische, dass er zaudert. Das Problem ist, dass der heutige Hannibal eine umfassende Theorie besitzt, dass er im Grunde genommen bereits Herr der Welt ist. Niemand kann sich gegen seine Theorie stellen, ohne von ihr (scheinbar) vorweg erklärt und philosophisch kastriert zu werden. Eine vergleichbare Macht kam dem historischen Hannibal nicht zu.

Worin liegt also der Kern der Problematik?

Das Wesen des „Kritischen", eine bis dahin unangreifbare Position, besteht in Folgendem: In jedem Ding sei seine eigene Widerlegung angelegt, und es komme darauf an, sie herauszuarbeiten und wirksam werden zu lassen. Suche also überall den inneren Widerspruch, die innere, die intrinsische Ungerechtigkeit, und du hast jedes beliebige Ding in der Hand! Der generische Widerspruch ist die Kontextbindung aller Aussage und damit die Relativität von Wahrheit, Wahrnehmung und Urteil.

Worauf geht das zurück?

Die Modelltheorie ist immer noch Marxens Mehrwertlehre, die besagt, dass wer etwas besitzt, davon mehr erhalte, als er selbst hineinsteckt. Dieses Mehr an Wert eigne er sich einfach an. In der freien Natur gehörte jedes solche Mehr - besser bekannt als Frucht oder Rohstoff – jedem, der es sich holt. Darum geht die ganze Theorie in letzter Konsequenz auf Rousseau und die Aufklärung im Achtzehnten Jahrhundert zurück.

Ist das fragliche Ding ein Produktionsmittel, so sind zu seiner Bedienung Menschen nötig. Solange das Produktionsmittel dem Kapitalisten gehört, fließe das ganze Mehr zu ihm. Bei Marx ist der Mehrwert zusammengesetzt aus zahlreichen Unterarten. Ich will hier nicht darauf eingehen. Diese Aneignung erscheint prima vista

ungerecht, weil ja Produktion immer ein gesellschaftliches Unterfangen sei, meinte Marx (es sei
denn, die Arbeiter sind Sklaven).

Dass dahinter eine *Petitio Principii* steckt, erkennst du, wenn du merkst, dass die Behauptung,
Produktion sei ein „gesellschaftlicher Prozess"
zur *Begründung* jener Ungerechtigkeit dienen soll.
Eigentlich müsste dies erst bewiesen werden.
Vordergründig scheint es, dass die Fabrik etwas
„Gesellschaftliches" ist, also gesellschaftlich im
trivialen Sinn, genaugenommen aber ist es bloß
eine Behauptung. Denn man könnte gerade so
gut argumentieren, der Kapitalist lasse seine Arbeiter an seiner Privatwelt teilhaben, indem sie
bei ihm arbeiten dürfen, wofür er sie bezahlt.
Obschon das ungewohnt klingt, ist es nicht un-
begründeter als die Marxsche These. Was Marx
meint, ist, dass das Gesellschaftliche der Produktion gleichsam a priori gegeben sei, eine gemeinsame Aktion, wie, wenn hundert Menschen den
Schutt nach einem Hochwasser, einer Naturkata-
strophe, gemeinsam wegschaufeln unter Empfin-
dung eines Gemeinschaftsgefühls.

Wenn der Kapitalist also den Mehrwert der
Produktion sich selbst zuschanzt, erscheint er vor
diesem Hintergrund als ein Usurpator, als Dieb.
Als solchen behandeln ihn die Marxisten. Doch
ist dieser Hintergrund Fake. Gäbe es den

Kapitalisten nicht, so gäbe es auch nichts zu verteilen, weder Gut noch Mehrwert. Es sei denn, die Arbeiter gründeten selbst eine Fabrik, wie es später der Sozialismus getan hat, genaugenommen seine Funktionäre, nachdem alle Menschen, nicht nur die Kapitalisten, enteignet waren. Und dort zeigte es sich dann, dass es bei einer verordneten Gesellschaftsproduktion weniger an Mehrwert gibt, im Einklang übrigens mit Marx, und dass auch die Produktivität der daran Beteiligten laufend abnimmt. In der verordneten gesellschaftlichen Produktion gibt es also weniger zu verteilen, sowohl an Gut, als auch an Mehrwert, als in der des Kapitalismus. Allein schon das beweist, dass die Fabrik an sich eben *kein* ausschließlich gesellschaftliches Phänomen ist! Je eindeutiger ein Kapitalist sie zu seinen Gunsten betreibt, umso grösser wird ihr gesellschaftlicher Wert! Der „Sozialwert" einer Fabrik ist dann am größten, wenn der Kapitalist sämtlichen Mehrwert abschöpft und einen Großteil davon reinvestiert, und er ist dann am geringsten, wenn die Fabrik gemeinschaftlich betrieben wird.

Der Produktionsmittelkapitalismus gehe mit der Zeit am Widerspruch zugrunde, dass der Mehrwert vollumfänglich privatisiert werde, obschon er „eigentlich" den Arbeitern gehöre, was zur naiven Verelendungstheorie des

Proletariats geführt, eine Verelendung, die den Kapitalisten schließlich vom Sockel hole.

Nun, bürgerliche Kritiker können mit der marxistischen Mehrwertlehre bekanntlich nichts anfangen, sie halten sie für faulen Zauber, auf jeden Fall für ökonomisch viel zu einfach und damit für bedeutungslos.

Marxens Urfehler geht damit gleichsam unter. Der Fehler war nicht, dass er den Mehrwert falsch definiert hätte oder ihn nur dem Kapitalisten zuschanzen wollte, um ihn als Raubtier anzuschwärzen. Der Fehler war vielmehr, dass er den von ihm definierten Mehrwert dem *Produktionsmittel* andichtete, anstatt dessen Erfinder und Ingenieur! In Wahrheit gründet der Mehrwert, den das Produktionsmittel im Sinne des Urmarxismus hervorbringt im tragenden, genialen Gedanken und in der sich daran anschließenden, hochpräzisen Entwicklung einer Erfindung, die zumeist eine Maschine, ein Algorithmus, ein qualifizierter Prozess ist. Jedes elaborierte, sophistizierte Produktionsmittel muss ja erst einmal erfunden, entwickelt und bis zur Produktionsreife optimiert werden, bevor es jenen Mehrwert erzeugen kann, den Marx meint, wenn man Arbeiter oder weitere Produktionsmittel, solche mit Künstlicher Intelligenz, Roboter, Androiden an seine Hebel setzt.

Also müsste man jetzt untersuchen, worin denn jenes ganz andere Ding besteht, welches der Erfinder und die Ingenieure ihrerseits ausbeuten, als ihr eigenes Produktionsmittel in ihnen selbst, wenn sie daran gehen, eine Maschine, ein Algorithmus, ein Geschäftsprozess zu entwickeln, die man in eine Fabrik stellen oder in ihr implementieren kann. Marxens Fehler war, dass er die Symmetrie seiner Idee verkannt hat. Darum funktioniert es nicht, wenn man den Kapitalismus abschafft, die Menschen enteignet und die Produktion gesellschaftlich befiehlt.

Es besteht kein Zweifel daran, dass dieses andere, dieses dem Erfinder und den Ingenieuren quasi inwendige Produktionsmittel ihre körperliche und geistige Beschaffenheit und deren Erziehung und Kultivierung ist. Dieses hintergründige, ja hinterhältige Produktionsmittel ist nichts anderes als die familiäre Bruttoleistung der Vorfahren des Erfinders, beziehungsweise der Ingenieure. Es ist eine züchterische Bruttoleistung in Bezug auf die Verfassung der Sippe, und es ist ebenso eine operative Bruttoleistung in Bezug auf die Bildung und Formung dieser Zuchtanlagen, sowohl in körperlicher als auch in geistiger Hinsicht.

Eine solche Zucht muss im Übrigen keineswegs bewusst oder rassistisch erfolgt sein, ist es aber – bei der heutigen Dünnhäutigkeit müssen wir sagen leider - in den meisten Fällen gewesen. Man heiratete sogenannt Passende, Menschen, die dem Familiengeist entsprechend zur Sippe passten, die deren Eigenschaften verbesserten, um so ihren Erfolg zu maximieren. Zucht in diesem Sinne ist nichts anderes als *Kaizen durch geeignete Paarung*.

Diese Leistung der Vorfahren ist es, worauf sich die Erfinder und Entwickler unbewusst abstützen, die sie in der Tat nun ausbeuten, nutzen, melken, ohne dafür etwas zu bezahlen. Wem sollten sie auch etwas dafür bezahlen? Sie ist ihnen ihr intrinsisches Produktionsmittel, dessen Mehrwert sie nun maximal personalisieren, indem sie Erfindungen tätigen und Konstruktionen perfektionieren.

Das bedeutet, dass der Urgrund jedes Mehrwerts im Sinne von Marx und Engels, der aufgrund eines elaborierten, sophistizierten Produktionsmittels erwirtschaftet wird, in der Genetik der Sippen des Erfinders und der Ingenieure und in einer darauf aufsetzenden, optimierenden Erziehung gründet. Darin besteht im Grund auch das sogenannte „Privileg", von dem die *Critical Race Theory* (CRT) spricht. Wir müssen an dieser Stelle sagen: Der Mehrwert, der aus der Maschine kommt, kommt aus dem „Ahnenkörper" ihres Erfinders, der diesen zu nutzen versteht. Dass

Arbeiter benötigt werden, ist vorübergehend, denn bald schon werden intelligente andere Maschine sie ersetzen.

Es bedeutet im Endeffekt, dass im Marxismus der Keim des Faschismus lag. Dass der Faschismus die marxistische Mehrwertlehre gleichsam vom Kopf auf die Füsse gestellt hat. Dass er den Urfehler Marxens, Mehrwertproduktion nicht als etwas skalar Invariantes, in der Physik würde man sagen Symmetrisches zu betrachten, eliminiert hat.

Das ist der springende Punkt und der eigentliche Skandal. Der Marxismus ist der Urvater des Faschismus, nicht weil beide zur Tyrannei neigen, sondern ideologisch. Indem er die Biologie im Kalkül auf einen Kommunismus hin ausgeschaltet hat, hat der Marxismus sie im Faschismus wieder eingeschaltet, um den Fehler zu kompensieren. Ohne Marx und Engels hätte es keinen Faschismus geben können. Prinzipiell nicht, weil vor Marx niemand so verrückt war, die entscheidende Rolle der Biologie des Menschen in Frage zu stellen, wo doch die gesamte Geschichte des Menschen immer nur eines gezeigt hat, dass diejenigen am weitesten kamen, die eine Form der Zuchtwahl und eine darauf zugeschnittene Geistesentwicklung betrieben haben. Der Marxismus war die erste Philosophie, die dies bestritt, ja

radikal aus der Realität der Menschen eliminieren
wollte.

Das war und ist kontrafaktisch, betrachtet
man, wie sich Familien noch bis vor zwei Generationen entwickelt haben. Sie legten im Mittel-
stand und ganz oben extremen Wert auf den
„Schlag" eines Individuums, auf die sogenannte
„gute Substanz" des Neuen und auf die Passung
zum bereits Vorhandenen, zur phänomenologi-
schen Realität des Sippenkomplexes. Solche Strebungen einfach als falsch abzutun, hebt den Menschen aus der Evolution heraus und entwertet
seine Körperlichkeit und damit seine Kommunikation, die eine solche zwischen Körpern ist, die
„nach etwas aussehen". Es war und ist ein Eingriff in die Wahrnehmung und in ihre heuristisch
optimierte, vorbewusste Verarbeitung.

Nur indem wir uns danach ausrichten, „wonach es aussieht", und indem wir Konsens darüber haben, dass wir alle es „gleich" sehen, können wir zu gemeinsamen Überzeugungen gelangen. Diese sind umso mächtiger, je einheitlicher
die jeweilige Phänomenologie ist. Insofern hat
sich also der Ausdruck eines Körpers dem Eindruck, den er vermittelt innerhalb einer Gruppe
angepasst und wurde als Indikator durch die Zeit
immer stringenter. Das sind die Grundlagen der
Zucht, wie man sie bei Tieren betreibt, wo sie

einfacher ist, weil deren Generationen viel kürzer sind, so dass sich im Lauf eines Menschenlebens nachprüfen lässt, was die Zuchtmethode leistet und wie sie optimiert werden kann.

Doch ist die Methode nicht unfehlbar. Die involvierten körperlichen und geistigen Systeme werden immer komplexer. Querschläger sind immer möglich, weil die Genetik enorm komplex ist. In Wahrheit verstehen wir die Codierungsprinzipen auch heute noch nicht. Abweichungen vom Zuchtstrang sind ab und zu auch erwünscht, um die Vitalität und eine gewisse, enger begrenzte Vielfalt zu erhalten, wie man es auch bei Kuhrassen und Pferden sieht.

Die Abweichungen, die zur Veränderung des *Phänomens* führen, beweisen ja erst recht, dass und auf welche Weise die Methode greift. Dass sie nun beim Menschen außer Kraft sei, weil sein Geist unabhängig von seinem Körper arbeite, ist eine überraschend primitive Annahme, eine unbeweisbare Behauptung ins Blaue, sie stammt aus dem Siebzehnten Jahrhundert.

Diese naive Annahme konnte im Zuge der Aufklärung nur Menschen in den Sinn kommen, deren Gedankenwelt über Jahrhunderte durch ein System geformt worden waren, das davon ausging, dass alles eine Schöpfung Gottes ist. Die Projektion eines „Supernarzissmus" auf den

Kosmos war der Boden, der dazu führte, dass es Intellektuelle geben konnte, die glaubten, der Geist sei bei der Geburt des Körpers eine Tabula rasa, ein leerer Tisch, dass wir also allmächtig seien, ebenso allmächtig wie jener Gott, den sie damit in die Schranken weisen wollten. Dass wir also die Welt aus dem Nichts erschaffen, denn das ist es, was der leere Tisch in Wahrheit meint. Die primitive Annahme eines leeren Tisches im menschlichen Geist persistiert bis heute und gehört zum Tafelsilber jeder linken Ideologie. Die Maschine, die diesen leeren Tisch deckt und füllt, deckt und füllt ihn aber mit sich selbst, mit ihrer eigenen Programmlogik, die sie am Material durchexerziert, ihm ihre Form gibt, so wie der Schweißroboter den zunächst leeren Werkplatz mit Schweißprodukten füllt, schaltet man ihn ein und führt man ihm Rohmaterial zu. Die Debatte macht einen Denkfehler. Sie glaubt, dass das, was auf die Tischplatte gestellt wird, „von irgendwoher" komme, mystisch und magisch, nur nicht aus der Maschine. Entweder also verwendet sie einen geistigen Homunkulus, der dieser Maschine was einflüstert, dann ist das eine religiöse Theorie, die mit Gott rechnet und einer Seele, ist also Metaphysik, oder sie missversteht die Maschine radikal. Die Maschine ist das „Lebewesen", ein Ding, das sich selbst macht. Aber eben gerade nicht aus dem Leeren, sondern aus seiner eigenen

Struktur, die das Ergebnis einer Milliarde Jahre der Evolution ist. Evolution ist Kommunikation, Aktion und Reaktion, also jener Zucht, welche die Natur praktiziert, die hauptsächlich auf dem Prinzip von Trial-and-Error beruht, die mit einem unglaublichen Maß an Ausschussware arbeitet, die laufend eliminiert – gefressen, getötet, zerrissen - wird. Nicht das Lebewesen ist das Wunder, sondern die Gefühlskälte der Natur auf dem Niveau von null Grad Kelvin im Umgang mit dem Einzelwesen und damit mit sich selbst.

Weil nun der Urgrund jedes Mehrwerts, den nicht die Natur selbst hervorbringt, auf ein Sippenkonstrukt aufsetzt, setzt die Marxsche Urlehre auf einem unerkannten, einem inhärenten *Typismus* oder *Rassismus* auf, auf jenem derer nämlich, die erfolgreich technisierte Produktionsmittel hervorgebracht haben, ein Prozess, der weltweit wahrscheinlich vor rund zwanzigtausend Jahren begann, *in allen Völkern*, aber in unterschiedlichem Ausmaß. Wer das Zuchtprinzip am schnellsten und besten begriff, der kam am schnellsten voran und konnte die anderen kassieren. Dieser Prozess der Natur und ihrer Beschleunigung durch die menschliche *Sippenzucht* setzte sich dann im Kapitalismus auf der Basis von Unternehmen fort, als eine *Unternehmenszucht*. Diejenigen Firmen, die das am besten und schnellsten begreifen, regieren seither den Planeten.

Marx hat nicht Unrecht, aber er bleibt lückenhaft. Einen Weg echter Selbstkritik nahm der Marxismus nie. Stattdessen verallgemeinerte er das in diesem Sinn unbewusst bereits kassierte Mehrwertprinzip im „kritischen Prinzip", verschlimmerte den Fehler. Das kritische Prinzip lautet: Lasse nie zu, dass die Aussagen deines Gegners Argumente sind, dass ihre Vergleiche und Evidenzen als solche ernstgenommen werden! Denn in ihnen steckt ihre eigene Widerlegung, und die gilt es zu entbergen und dienstbar zu machen. Errungenschaften würden nichts beweisen, sie seien im Gegenteil lediglich zu indexieren. Indexieren heißt, sie mit Prämissen zu behaften. Beispiel: Beethovens Symphonien seien nur dann gegenüber afrikanischer Musik höhere Musik, wenn man die europäische Harmonielehre mit ihrem Dreiklang für das Kriterium aller höheren Musikformen stipuliere. Das könne man jedoch nur, wenn man dazu die *Macht* hat. Denn das Prinzip des Indexierens muss zwingend bei der Macht enden, weil es sonst unbestimmt wäre, sozusagen dämonisch. Macht ist Willkür, Zufall, Eingriff von außen. Das heißt, Unterschiede in der Sache seien „kritisch" gesehen solche der Macht und sie beruhten letzten Endes auf Gewalt.

Die sogenannte weiße Überlegenheit beruhe nicht auf ihrer eigenen Argumentation, sondern letztinstanzlich auf Gewalt. Jeder Weiße, der sich auf Argumente beruft, setze diese Gewalt schlicht voraus. Er müsse daher die anderen anhören lernen, ohne an sie Forderungen zu stellen im Sinne von Objektivität und Genauigkeit. Hier schließt sich der Kreis zum Bereich des smenokratischen Prinzips der egalitären Schwärme, wonach es keinen Superschwarm gebe, der die Axiomatik liefere. Dass dies selbst ein axiomatisches System ist und somit einen Superschwarm impliziert, geht unter. Wir haben hier die gleichen Probleme wie beim totalen Relativismus.

Weil mit *Überlegenheit* immer reale Macht korreliert ist, sieht es so aus, als sei der „kritische" Standpunkt schlüssig. In Wahrheit aber ist er trugschlüssig. In Wirklichkeit beansprucht man mit der „Verteilung" die Urquelle des Produktionsmittels, die Sippengenetik der erfolgreicheren Gruppe als ein Allgemeingut auch für die unterlegenen Gruppen.

Daher ist das „kritische" Verfahren immer auch ein eminent sexuelles Verfahren. Es könnte auch direkt durch „Verteilung" der Frauen der überlegenen Gruppe umgesetzt werden, die an die Männer der unterlegenen Gruppe gehen. Mit diesem Shortcut würde aber auch die Kontinuität der Hervorbringung von Mehrwert zerfallen, wie die entsprechenden Verhältnisse nach antiken Kriegen zeigen, wo die Frauen „verteilt" wurden.

Also ist dieser unmoralische und auf Gewalt beruhende Shortcut kein Verfahren, solange man die „kritische Theorie" noch umsetzen kann. Das ist sehr lange der Fall. Der Marxismus erhebt in letzter Konsequenz einen kryptosexuellen Anspruch auf den jeweils erfolgreichsten Genpool im Spiel der dialektisch betrachteten Kräfte. Doch wird dieser Anspruch radikal verdrängt oder sublimiert, aber er taucht in den verblasenen Ausführungen marxistischer Theoretiker immer wieder auf als eine Asymptote, als ein Schatten.

Hier sind wir bei Freud. Der sublimierte Wahn in der marxistischen Theorie ist dem Begattungswahn der Erfinder und Entwickler entgegengesetzt, die mit ihren Geistprodukten unbewusst oder bewusst ihre Paarungschancen erhöhen möchten. Letztere bleiben fair und werden nicht übergriffig. Sie verbleiben im Paarungsritual drin, während die Marxisten das individuelle Ritual verschmähen, um durch einen einzigen Gedanken alle Lustobjekte zugleich zu befruchten.

Die „kritische Rassentheorie" ist ein sublimiertes Verfahren, die im Spiel jeweils erfolgreicheren Genpools zu allmendisieren und deren Weibchen zu vergemeinschaften. Das ist der

hochgradig unbewusste, verdrängte Anspruch
dieser Theorie. Reizt man die Vertreter dieser
Lehre, provoziert man sie, zeigt es sich, dass genau das die Entelechie ihres Wahnsystems ist.
Reizt man sie bis zur Weißglut, bricht sich diese
Triebstrebung Bahn und realisiert sich die Entelechie direkt.

Von diesem Wahn kategorisch zu unterscheiden ist die Sozialromanze der Vertreter der
erfolgreicheren Pools, die sich Partner aus weniger erfolgreichen zu Paarungszwecken „holen".
Das ist die klassische Art, wie erfolgreiche Gruppen „offen" bleiben.

Das Linke und das Rechte

Gehen wir aus von einem Verbrechen, wie wir es seit 2015 in Europa nun recht häufig erleben. Untersuchen wir eine Vergewaltigung durch einen Zugewanderten aus rechter und aus linker Sicht.

Der Rechte sagt: Der Täter hatte die freie Wahl zwischen Gut und Böse, und er wählte das Böse, weil es in ihm steckt.

Der Linke sagt: Der Täter hatte keine Wahl, denn er ist fundamental ein Ergebnis der gesellschaftlichen Verhältnisse, in denen er lebt. Gut und Böse sind eine Funktion dieser Verhältnisse.

Der Rechte sagt: Was ist der Unterschied? Ich halte das Individuum trotz seiner biologischen Konstitution für frei. Du hingegen hältst es trotz der für dich irrelevanten Biologie für unfrei.

Der Rechte hält Gut und Böse entweder für biologieunabhängig universell einklagbar irreduzibel, oder er sagt, jeder müsse sich jenem Gut und Böse anpassen, in dessen Herrschaftsraum er eintritt. In dieser Entscheidung mache er sich grundlegend schuldig.

Der Linke hält dagegen, dass „Gut und Böse" ein gesellschaftliches Phänomen sei. Beim Wechsel von einer Gesellschaft in die andere komme es zum Eingehen eines neuen Unterwerfungsverhältnisses.

Der Rechte sagt: Die Schuld, sich nicht anzupassen, erhöht das Strafmaß im Eventualfall.

Der Linke sagt: Nichtanpassung ist ein Akt des Widerstandes gegen die Diktatur der gesellschaftlichen Verhältnisse, und dieser Umstand vermindert das Strafmaß.

Der Rechte sagt: Das Individuum hat gegenüber der ihn aufnehmenden, neuen Gesellschaft eine Bring- und Anpassungsschuld.

Der Linke sagt: Die neue Gesellschaft, die ihn aufnimmt, hat dem Fremden gegenüber eine Gib- und -Teilhabeschuld.

Und nun macht der Linke eine bedeutende Einschränkung: Falls es sich bei der aufnehmenden Gesellschaft um eine repressive handelt. Diese Einschränkung stellt einen Bruch dar, verweist auf die Existenz einer Tiefentheorie.

Der Rechte sagt: Jede Kultur hat ihr Recht, so zu sein, wie sie ist. Wer die Kultur wechselt, muss sich der neuen anpassen. Darin ist das Individuum frei, und es macht sich schuldig.

Der Linke sagt: Alle Kulturen, mit Ausnahme der kommunistischen, sind repressive und darum ohnehin ungerecht. Nichtanpassung ist darum Widerstand gegen Repression und schuldmindernd, weil ein Akt der und zur Freiheit.

Der Rechte sagt: Der Kommunismus ist nichts weiter als eine gesellschaftliche Spekulation ohne empirische oder logische Grundlage, weil sie dialektisch zustande kommt. Sie dient dem Zweck, durch Widerstand die Verhältnisse umzustürzen und es als Freiheitsbemühung des Einzelnen zu bezeichnen, bis jemand diesem mitteilt, dass der aktuelle Zustand der Gesellschaft nun der Kommunismus sei. Von da an gilt dann das Gegenteil.

Jetzt tritt - aus historischen Gründen - die neue Linke auf den Plan und sagt: Alle gesellschaftlichen Verhältnisse, die das Individuum konditionieren, sind zu respektieren. Das heißt, nur die Inklusion aller Verhältnisse in allen anderen Verhältnissen ist gerecht und gut. Sie ist eine Schuld des jeweiligen aufnehmenden Systems und exkulpiert die jeweils aufgenommenen Individuen.

Der Rechte sagt: Mengenabhängig führt dies zur Zerstörung des aufnehmenden Systems. Welches System das aufnehmende ist, entscheiden sein Wohlstand und seine Sozialhilfe. Darum wird stets jenes System zerstört, das mehr als das andere zu bieten hat.

Die Linke sagt: Ja, und darin besteht die Gerechtigkeit! Es handelt sich um die notwendige Umverteilung, welche erst zu Verhältnissen führt, worin alle Menschen gleich lange Spieße haben. (Und sie denken: Dies ist unser neuer Pfad zum Kommunismus).

Die Rechte sagt: Dies ist euer neuer Weg zum Kommunismus! Doch hat nirgendwo jemand beschlossen, dass es mit uns allen in Richtung Kommunismus gehen soll.

Die Linke sagt: Das muss nicht beschlossen werden, denn es liegt in der Natur der Sache. Unsere Kritische Theorie sagt, dass alles eine Funktion seines Kontexts ist, dass auch Beschluss, Wahr, Falsch, Gut und Böse abhängig sind vom gesellschaftlichen Kontext, wozu auch die Zugehörigkeit zum sozialen Konstrukt der Rasse gehört. Biologisch existieren keine, aber sozial. Dasselbe gilt für das Geschlecht.

Die Rechte sagt: Das ist die Höhe! Bisher hat die Linke stets jeden Rassenglauben und Rassismus negiert und bekämpft, und nun, wo sie eine spekulative Ideologie des sozialen Konstrukts entwickelt hat, versucht sie die phänomenologische Offensichtlichkeit von Herkünften und Geschlechtern als Argument gegen die Bedeutung dieser Herkünfte zu instrumentalisieren. Die Linke behauptet ja, diese Herkünfte seien in der idealen Gesellschaft (der „bunten") irrelevant, doch um sie zu etablieren, seien sie umgekehrt höchst relevant. Ihr Linken habt also weder dem Kommunismus noch der repressiven Gesellschaft abgeschworen. Ihr kommt mit einem neuen Trick, indem ihr den Rassisten die Rasse wegnehmt und sie selbst verwendet, um ihre Bedeutungslosigkeit gesellschaftlich auszuweisen.

Die Linke sagt: Ja, man kann die ganze Geschichte des Menschen als Repression, Ausbeutung und Befreiung erzählen. Und weil man es kann, ist es auch so!

Die Rechte sagt: Ok, man kann die ganze Geschichte der Menschheit als Folge biologischer Spezialisierung, Differenzierung, Innovation und Elimination beschreiben. Und weil man das kann, ist es auch so!

Die Linke sagt: Ok, das beweist, dass es einzig und allein auf Macht ankommt, dass also Repression und Befreiung die zentralen Argumente sind! Wir haben somit recht.

Der Rechte sagt: Ok, dann rotte ich nun alle aus, die ich mir kraft meiner Macht dafür auserwähle!

Der Linke sagt: Das beweist, dass du ein Menschenfeind und Verbrecher bist!

Der Rechte sagt: Du auch, denn du ebnest jeden Unterschied, den Menschen durch Innovativität, Leistung und Disziplin herausarbeiten gnadenlos durch deine neue Theorie ein. Du willst im Grund jene Gesellschaft wiedererrichten, die es einst in der Savanne gab, als es außer Steinen noch nichts gab.

Der Linke sagt: Ja, aber auf höchstem Niveau!

Der Rechte sagt: Dann besteht deine neue Gesellschaft im größten Raubzug der Geschichte zum Wohle derer, die es nie selbst geschafft haben, der sogenannt Benachteiligten.

Der Linke sagt: Nein, der größte Raubzug ist deine Geschichte, auf dem Buckel derer, die ausgebeutet wurden und werden.

Der Rechte sagt: Wer ausgebeutet wird, wird durch den Unterschied zwischen den Menschen bestimmt, und schaut man genau hin, so besteht deine Ausbeutung darin, dass denen, die mitmachen, mehr Möglichkeiten gegeben werden, als sie sich selbst erschaffen konnten und könnten, und dass der Ausbeuter hauptsächlich *seine eigenen* Möglichkeiten ausbeutet.

Der Linke sagt: Alle Menschen sind gleich. Und darum steht auch allen das Gleiche zu.

Der Rechte sagt: Das Menschenrecht bedeutet keine Gleichheit der Menschen, sondern nur Gleichheit vor dem Gesetz.

Der Linke sagt: Ja, aber das genügt! Weil alle vor dem Gesetz gleich sind, müssen auch die gesellschaftlichen Bedingungen aller inkludiert werden. Dies führt am Ende zum Kommunismus.

Der Rechte sagt: Nein, es führt zur Gesellschaft derer, die sich ans jeweilige Grundgesetz und an die Gesetze der jeweiligen, verfassten Nation halten.

Der Linke sagt: Das Menschenrecht steht über der Nation, die Gesellschaft der Menschen steht über der nationalen. Nationen stellen Atavismen dar und verstoßen aus sich selbst heraus gegen das Menschenrecht.

Der Rechte sagt: Dann also, mein Lieber, bleibt zwischen uns nur noch der Krieg! Der Bürgerkrieg.

Der Linke sagt: Damit beweist du deine fundamentale Repressivität und Menschenfeindlichkeit ein weiteres Mal.

Der Rechte sagt: Nein, damit beweise ich, dass unser Dialog von Anfang an gescheitert ist, weil wir von zwei unversöhnlichen

Grundeinsichten ausgehen. Du sagst: Die biologischen Unterschiede zwischen den Menschen sind irrelevant. Ich sage: Der Mensch ist in seinen biologischen Differenzen auch ein Teil der Evolution der Arten. Über Hunderte von Generationen kam es zu Differenzierungen, welche die jeweilige Population darin verbessert haben, sich an die geschaffenen Verhältnisse noch besser anzupassen. Du sagst, das stimme nicht, hast dafür aber keine Beweise! Du sorgst sogar aktiv dafür, dass die Erforschung menschlicher Typologien grundlegend beschnitten wird. Du lässt nur zu, was deine Theorien stützt.

Der Linke sagt: Ja, wegen deiner Shoa!

Der Rechte sagt: Es ist nicht „meine" Shoa. Ausrottung gehört nicht zur Essenz rechter Ideologie. Sie ist Ausdruck eines Extremismus, genauso wie auch du deine Extremismen hast, die nicht deine Essenz betreffen.

Der Linke sagt: Aber dieser Extremismus führte zum Zweiten Weltkrieg.

Der Rechte sagt: Und deine Extremismen führten zu weit über hundert Millionen Morden! Und keiner weit und breit hat sie bisher in den Status einer Ausrottung erhoben. Obschon die Hekatombe es verdiente.

Der Linke sagt: Das ist antisemitisch!

Der Rechte sagt: Was für ein Rassist du doch insgeheim bist! Plötzlich gibt es für dich eine Rasse, eine Religion, eine Kultur, eine Gesellschaft, die eine ultimative Basis und Grenze bilden.

Der Linke sagt: Gewiss, wegen der Shoa.

Der Rechte sagt: Und wie ist das mit der noch weit höheren Opferzahl eurer Ideologie?

Der Linke schweigt.

Der Rechte sagt: Der Unterschied liegt darin, dass die Shoa gesühnt und gerächt wird, aber nicht eure Hekatombe. Dieser Unterschied ist in der Tat einer der Macht, jener Repression, die durch dich verkörpert wird, nicht durch mich. Ich habe recht: Es herrscht Krieg. Menschenfeindlichkeit ist dein Maß, nicht meines, denn die Welt, wie sie heute ist, beruht auf einer Machtentscheidung, die dir weit mehr entgegenkommt als mir.

Der Linke sagt: Ich werde dich anklagen und dir das Maul verbieten!

Der Rechte sagt: Quod erat demonstrandum.

Der Linke sagt: Wir werden die Sprache so lange umdeuten, bis ihr nicht mehr denken könnt, was ihr denkt!

Der Rechte sagt: Das belegt deine Misanthropie, deine Unmenschlichkeit, welche die meine übertrifft, weil sie die Axt direkt an den Stamm legt.

Das Logische und das Dialektische

Nehmen wir einen anderen Pfad!

In einem Betrachtungsraum gebe es lediglich x. Das heißt, es gibt in ihm weder nicht-x noch etwas Drittes. In diesem Raum gilt somit der Satz vom Widerspruch und der vom ausgeschlossenen Dritten.

Doch das war bereits vorausgenommen, als wir einen diesen Raum stipulierten. Es folgt also nicht aus seiner Analyse. Darum ist die Logik so nicht zu begründen.

Hingegen können wir sagen: Da ist in der mich umgebenden, realen Welt ein Stein am Ort l zur Zeit t. Zugleich kann an diesem Ort zur selben Zeit nicht kein Stein oder beispielsweise ein Kürbis sein.

Durch Abstraktion gelangen wir dann zur Stipulation eines Raums der Logik.

Doch erhebt sich hier eine neue Schwierigkeit: Ist x hier wirklich ein Stein? Wenn es auch ein Kürbis sein kann, würde die Logik hinfällig.

Wir weisen also nach, dass x ein Stein ist. Doch wie? Indem wir x untersuchen und dabei auf die Merkmale von „Stein" zurückgreifen? So griffen wir auf die sogenannte Intension von Stein zurück.

Doch diese ist ein Konstrukt, das universell einklagbar sein muss, um zu leisten, was wir damit verbinden.

Damit sind wir bei der Relativität von Bedeutungen und darüber hinaus bei der Frage nach der Referenz, bei der Frage, worauf wir uns denn beziehen (Quine)?

Wir landen bei der beliebigen Verschieblichkeit von Bedeutung im Diskurs und bei einem radikalen semantisch-ontologischen Holismus (Quine), wo jede Bedeutung in jede andere übergeht. Wir sind bei einer unübersteiglichen Subjektivität des Objektiven angelangt (Derrida).

Nur indem wir uns an dieser Stelle festlegen, auf entweder den Subjektivismus oder den Objektivismus können wir überhaupt politisch zu Rechten und zu Linken werden. Indem wir also einen Uranfang setzen, obschon jede Analyse ihn zerstören muss.

Entweder sagen wir, ob x ein Stein ist, ist das Ergebnis eines fundamentalen Subjektivismus, also können wir durch Änderung der Sprache x jederzeit in einen Kürbis verwandeln, und dann ist x ein solcher, oder wir sagen: Nein, x ist ein Stein, weil x universell vindizierbar ein Stein ist.

Doch dem halten die Gegner dieser Variante entgegen: Bei uns ist das nicht vindizierbar! Also ist es nicht universell eingeklagt.

Darauf sagt nun der Rechte: Gut, dann ist aber auch jede eurer Thesen durch uns nicht vindiziert.

Der Linke entgegnet, dass dies böser Wille sei.

Der Rechte sagt: Nein, es ist böser Wille eurerseits, so zu argumentieren.

Beide haben recht. Was am Anfang steht, ist hier nicht etwa Semantik, sondern eine Wahl, eine Position in Bezug auf die Semantik. Der Zusammenhang ist rekursiv. Wer in dieser Rechnung „Subjekt als Objekt" zum Anfang nimmt, ist meinetwegen links, wer „Objekt als (Subjekt als Objekt)" zum Ausgangspunkt nimmt, wäre hingegen rechts, und dies ist rekursiv bis in alle Ewigkeit.

Also steht ganz am Anfang der Frage „Was ist x?" eine Wahl, präkognitiv. Sie selbst muss zwingend irreduzibel sein auf den Diskurs, heißt, sie erfolgt willkürlich und damit immer auch bewusstlos. Hat sie also eine Ursache, dann entweder eine metaphysische oder eine rein physikalische. Entweder entscheiden Gott, der Teufel, Dämonen oder die unsere Leben mitverfolgenden Ahnen, oder es entscheidet der Körper, der wir sind, das Organische, das Organ, und zwar präkognitiv und sogar jenseits des psychologischen Unbewussten. Ex machina *oder* metaphysisch anankastisch.

Dies nun wieder untersuchen zu wollen, führt auf das alte Problem zurück. Es geht nicht.

Die Weltgeschichte ist somit entweder ein Ergebnis von Dämonen oder eines der Evolution biologischer Formationen von Organen. Was nun zutrifft, kann grundsätzlich nicht entschieden werden.

Wer hier eine Entscheidung erzwingen will, muss die Logik außer Kraft setzen und dialektisch vorgehen. Oder - und das ist die zweite Möglichkeit - er beginnt zu morden.

Anders gesagt, ist die Dialektik das geistige Komplement zum physikalischen Mord. Die Dialektik eliminiert alles „Individuale", genauso wie der Mord. Das Surrogat eines Unterschieds existiert nur darin, dass der jeweils *andere* eliminiert wird.

Das wiederum, in letzter Abstraktion, führt uns zurück zur Stipulation „x oder nicht-x", beziehungsweise „x und *nicht* nicht-x".

Die Urdichotomie in x ¦ nicht-x ist der uns allen gemeinsame Nenner und darum für alle unübersteiglich.

Das bedeutet, die Geschichte, wie auch immer du sie auslegst, ob links oder rechts, gründet auf dem fundamentalen, initialen Ausschluss: x oder (Kontravalenz) nicht-x.

Sie gründet somit auch immer auf dem *Ausschluss* der Dialektik. Indem sie uranfänglich eliminiert. Das „nicht-x" ist nicht.

Das heißt nun aber doch: *Die Schlacht, der Krieg, der Mord ist aller Dinge Anfang, Symbol und Ende zugleich!*

In jedem Augenblick findet eine bewusstlose Entscheidung statt: Eine für x und gegen nicht-x. *Diese Entscheidung ist irreduzibel.* Das müssen wir ganz und gar verstehen lernen. Sie ist entweder ex machina („organisch") oder modo metaphysico ex nihilo.

So, wie der Kosmos auch in der Standardtheorie des Universums und mit Hilfe der Instrumente der Relativität und Quantenphysik nicht vollständig erklärt werden kann, ohne die Singularität, so kann die Geschichte der Dinge nicht vollständig erzählt werden ohne Voraussetzung einer Singularität: x oder nicht-x.

Die Behauptung der Linken, alles gehe auf gesellschaftliche Bedingungen zurück und damit auf einen totalen Relativismus, beruht also auf einer ebenso bewusstlosen Vorentscheidung wie die der Rechten, alles wurzle in der Physikalität des Menschen. Letzteres ist plausibler, weil man es immerhin untersuchen kann, obschon man es nie beweist. Die Urentscheidung der Linken hingegen kann nicht untersucht werden. Jemand hat gesagt, ich glaube es war Norbert Bolz: *Komplexität macht konservativ.* Jemand anderes, dessen Name mir entfallen ist: *Die Realität ist faschistisch.*

Nur indem sich Links und Rechts komplementär als das Ganze begreifen, heben sie die Macht jener Urentscheidung auf und werden menschlich.

Nun aber ist mit dieser Komplementarität die vorhin eliminierte Dialektik zurück. Aber nicht als jene *ausschließende* der Linken, sondern als die *einschließliche* Niels Bohrs, der Atom- und Quantenphysikers. Sie ist der – zugegeben ewig unbefriedigende - Abschluss der unendlichen Geschichte des Seins. Und in Bezug auf sie gilt, dass selbst Gott, wollten wir ihn für eine diskutable These halten, radikal ein- oder aber radikal ausgeschlossen ist: *Das Ganze ist am ganzesten allein!*

Doch ist diese Ganzheit unsere einzige Rettung vor der Macht des Urmordes: x oder nicht-x.

Nicht die Linke, nicht die Rechte schaffen das, nur ihre Komplementarität schafft es.

Im Politischen war diese Komplementarität die aufgeklärte Republik, die sich ideologisch niemals verschob. In der sich nie eine Idee durchsetzen durfte als nur immer wieder jene der Komplementarität.

Diese Logik ist nicht etwa bürgerlich oder proletarisch, sie ist transzendent. Sie ist transbürgerlich und transproletarisch zugleich. Sie ist die Weisheit.

Die Weisheit steht jeder Zeit in der Gefahr der Verschiebung, und es ist die Aufgabe des politischen Intellektuellen, dieser Verschiebung den Riegel zu schieben, nicht sie zu beschleunigen.

Der Krieg ist der Vater aller x, aller Dinge, doch ihn nie zu entscheiden, ist die Mutter aller Weisheit. Ihn unbedingt entscheiden zu wollen, ist Drang und Torheit der Jugend. Wenn sie sich durchsetzt, ist das die Katastrophe der Menschheit. Übernimmt die Jugend die Welt, zerspringt sie in tausend Stücke.

Das Schleifenförmige und das Ermächtigende

Ankh oder der Spiegel ist ein altägyptisches Symbol für das Leben im Diesseits und im Jenseits, für die Welt an und für sich, wie sie sich dem Lebenden enthüllt.

Wir haben gesehen, dass aus der unendlichen Schleifung zwischen Subjekt und Objekt, zwischen Links und Rechts, usw. durch eine Urentscheidung, die auf Macht beruht, die unbewusst bleibt, aus dem Organ kommt, dem Dämon gleich, und in ihm vollzogen wird, das Reale entsteht, das, was ist, x und *nicht* nicht-x.

Ankh zeigt diese Form. Die unendliche Schleife, die Lemniskate, die liegende Acht, das Symbol der Unendlichkeit und Unentschiedenheit und damit der Verborgenheit aller Dinge, aller x, wird plötzlich von einer Entscheidung durchkreuzt (T-Linie). Daraus geht dann der eine Strang hervor, der das „Ding" ist, der x ist, die Welt im Licht des Bewusstseins.

Dieser Urakt ist der Spiegel, der aus der Lemniskate den Strang als sein Spiegelbild zaubert. Das uralte Symbol enthält die Fundamentalontologie des Menschen und damit seine gesamte Weisheit und Wahrheit, abseits jeder Ideologie.

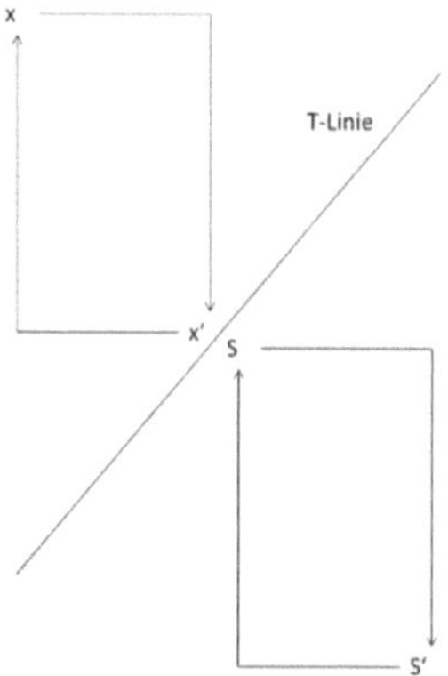

Oben die *Grundsituation* (aus Mr. Data und das Braitenberg-Universum), unten die heidnische Ankh-Darstellung:

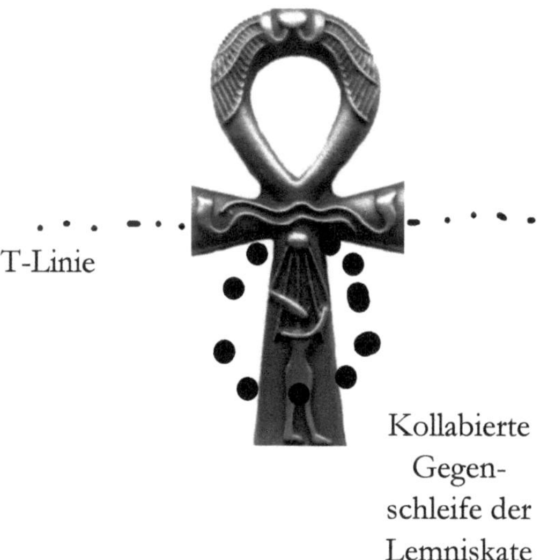

Das Symbol hat trotz seiner Ähnlichkeit nichts mit dem späteren Kreuz der Welt zu tun, an das der „Erlöser" geheftet ist - außer, wenn wir ihn als Spiegel von uns selbst sehen. Das wiederum würde bedeuten, dass wir jene vorangehende Apotheose des Narzissmus nun wieder von Gott weg auf uns selbst übertragen, dass wir Gott auf uns selbst nehmen.

Das ist zugleich größenwahnsinnig und richtig. Denn dies *ist* der Mensch, jener Ort, worin die Welt Gestalt annimmt. Wenn wir Jesus als das Paradigma dieses Menschen, der Gott auf sich nimmt, betrachten wollen, erfahren wir, dass er ein Republikaner ist. Er lebt die Weisheit, das Linke und das Rechte auf ewig gegeneinander antreten und doch keines von ihnen siegen zu lassen.

Doch bleibt die christliche Lesart des Symbols weit hinter der altheidnischen – und der hier von mir gegebenen aus Mr. Data und das Braitenberg-Universum - zurück.

Paralipomena

«'Könnte ein Attentat wie in Christchurch [März 2019, 50 Tote] auch in Deutschland passieren? Ja, sagt Kai Hafez, der seit fast 25 Jahren zum Bild des Islam in den Medien und zur Islamfeindlichkeit im Westen forscht. Im Interview mit der 'Zeit' spricht er über die Islamfeindlichkeit in Deutschland. 'Wir haben da eine richtige Zweitteilung in unserer Gesellschaft: eine liberalere Hälfte und eine für Islamfeindlichkeit hochgradig anfällige Hälfte'. Er ist sich sicher: 'Die Islamfeindlichkeit bewegt sich in Deutschland nicht nur an den Rändern, sondern sie ist weit in die Mitte dieser Gesellschaft vorgedrungen'. Über 50 Prozent der Deutschen seien anfällig für Islamfeindlichkeit. Doch warum ist das so? 'Politisch erzeugen die klassischen Stereotype vor allem der Rechten vom gewaltsamen, fanatischen und frauenverachtenden Islam Angst und Ablehnung bei den Bürgern.' Kulturell betrachtet stelle unser Bildungssystem zudem kaum alter-native Informationen zur Verfügung. 'Islamwissen in Schulen und auch in Teilen der Wissenschaft ist oft sehr mangelhaft. '»[1]

Dieser kurze Bericht enthält analytisch betrachtet alles, was die moderne politisch-ideologische Sophistik unter dem Dach der Nachkriegsdoktrin (NKD) seit 1945 hervorzubringen imstande ist. Ich bin aber davon überzeugt, dass jeder normale Leser den Text recht unauffällig findet, obschon er ihm nicht voll zustimmen möchte. Doch weiss er nicht, wieso er dabei ein Unbehagen empfindet. Er findet die Darstellung zu simpel, ohne diesen Eindruck genauer erklären zu können. Er ist in einem System grossgeworden, das von der NKD geboren und beherrscht wird. Nie hat er eine andere Fundamentaltheorie zur Kenntnis nehmen müssen als immer nur jene der NKD. Und sie hat sich ihm nicht einmal beim Namen genannt. Er hielt sie für eine

---

[1] Focus Online, Islamforscher warnt vor Anfälligkeit für Islamfeindlichkeit, 23.03.2019

Nichttheorie und unsere Zeit für eine Zeit fundamentaler Freiheit. Wir werden sehen, was davon zu halten ist.

Die NKD setzt sich zusammen aus Menschenrechtsstaatlichkeit, linksintellektueller Kritik im Dunstkreis der Marxismusrezeption - namentlich im Sinne der Kritischen Theorie -, politischem Spinozismus auf Basis einer einzigen Substanz, dem «nackten Einzelnen» und dem Empirieelement der Shoa mit der prinzipiellen Unvergleichbarkeit nationalsozialistischer Massenmorde (die politisch-ethische Singularität unserer Zeit).

Die NKD ist die Metatheorie des Rechtstaats der Nachkriegszeit. Da sie monistisch ist, lässt sich mit ihr die Wirklichkeit aushebeln, die im Idealfall innerhalb der NKD vollständig analytisch erklärt werden soll. Damit ist sie das konkurrenzlose Grundwerkzeug für die tiefgreifende Zensurierung von Logik, Empirie und von Sprache. Wir erleben das gerade.

Zweite oder gar dritte Substanzen - etwa die Kultur oder die (nicht-menschliche) Sache selbst -, und damit ein Primat von Wirklichkeit und Logik, haben in der NKD keinen Platz. Alle substanzverdächtigen Entitäten, die in Frage kämen, werden in der NKD bloss attributiv verwaltet. Dabei geht man nicht nur vom nackten Einzelnen aus, sondern von der Lehre der geistigen Tabula rasa, die auf den Rousseau-Menschen zurückgeht, der von Natur aus «gut» sei, und der das Konzept des «Eigenen» nicht kenne. Gegensätze (und damit Reibungsflächen in der Debatte) sind in der NKD nur als dialektische zugelassen, nicht jedoch als logisch-empirische, die sie immer nur sekundär werden können, niemals aber primär schon sind.

Der Marxismus hat eine vergleichbare Struktur. Er ist erklärtermassen dialektisch, weshalb in ihm die

Bezugnahme auf Logik und Empirie ins Grundlegende führt und niemals partikulär ist. Daher ist in ihm alles «revolutionär» oder «reaktionär». Andere Verortungen lassen sich in ihm nicht tätigen. Die NKD wäre also, genauer besehen, ein unreiner Marxismus, weil unter seiner Ägide der vorfindliche, pluralistische (nichtmonistische) Kapitalismus schaltet und waltet.

Marxistische Überzeugung ist es jedoch, dass auch der Kapitalismus ein Monismus sei, dessen eine und einzige Substanz das Kapital (Geld, Eigentum) ist. Der Kapitalismus wird vertreten durch den «sündig» gewordenen Rousseau-Menschen, jenen, der sich Besitz angeeignet hat.

Der marxistische Abel geht somit unter der Ägide der NKD mit dem kapitalistischen Kain ein Zweckbündnis ein. Dieses Zweckbündnis war Basis für die westliche Selbstbehauptung im Kalten Krieg, bis zu dessen Ende 1989. Darum schreibe ich an anderer Stelle, dass dies die Zeit eines Moratoriums der vollständigen Umsetzung der NKD gewesen sei.

Nachdem das Sowjetimperium zusammengebrochen war, und es nach einem Sieg des Kapitalismus aussah, zeigte sich indes bald, dass in Wirklichkeit nicht der Kapitalismus, sondern der Marxismus gesiegt hatte. Er hatte sich seiner empirischen Verstrickung im Sowjetexperiment entledigt und kehrte zur reinen Lehre zurück.

Doch hatte sich in der Zeit des Kampfes und des Krieges gegen den Nationalsozialismus etwas Zusätzliches herausgestellt, welches der Marxismus nicht zu erklären vermochte, weil er es theoretisch nicht kennen konnte, als er geschaffen wurde. Dieses zusätzliche Element ist die Erfahrung mit der Shoa.

Ein Menschenrecht war künftig nicht mehr denkbar ohne Versiegelung mit der Shoa. Die Shoa steht für die Unangreifbarkeit des Menschen in seiner Nacktheit und seiner Vereinzelung, für einen absoluten Primat der Instanz vor dem Objekt der Instanziierung. Der konkrete Einzelne XY geht seither dem abstrakten Einzelnen stets voraus. Die Welt steht daher heute auf dem Kopf, das hinterletzte Partikuläre geht vor alles Allgemeine.

Die Folge für den Marxismus war, dass er nicht mehr als eine Ideologie auftreten kann, die mit dem Konzept von Klasse oder Masse operiert, und das deren Überwertigkeit dem konkreten Subjekt gegenüber behauptet. Das heisst, dass seine Revolutionsdynamik auf eine neue Basis gestellt werden musste. Es ging nicht mehr um Klasseninteresse und Massenbewegung und um Stereotypen wie den «Avantgardisten» oder den «Revolutionär».

Der Marxismus muss jetzt im Kapitalismus aufgehen, wie das Brot im Ofen, ohne sich ihm in den Weg zu stellen. Jeder Einzelne besitzt jetzt einen unendlichen Wert, jeder Kapitalist, jeder Mörder, jeder Perverse. Zusammenzufassen sind diese nicht mehr zu «Einheiten», sie bleiben a priori vereinzelt.

Damit zeigte sich die NKD, nach dem Ende des Moratoriums 1989, als zeitgenössische Version des Marxismus und eines (Neo-)Rousseauismus als ein Kapitalsozialismus. In ihm ist der Mehrwert, der weiterhin kapitalistisch generiert werden muss, damit er maximiert werden kann, radikal umzuverteilen auf die Grundgesamtheit all jener Einzelnen, die sogenannt nackt sind. Nacktsein bedeutet hier, dass sich ein Individuum nicht - vor dem Hintergrund aller zeittypischen Anforderungen - voll-ständig selbst alimentieren kann. Die Umverteilung wird zum Geschäft, insofern immer grössere Teile der Bevölkerung davon leben, sie in

Gang zu halten. Der Wirtschaftsumfang einer spezifischen Einheit (eines Lan-des) bleibt erhalten, lediglich der im kapitalistischen Sinne produktive Teil daran nimmt kontinuierlich ab. Er wird auf jenes Mass heruntergefahren, das noch benötigt wird, um der Denkfalle eines Perpetuum zu entgehen. Das kann auf verschiedene Weise umgesetzt werden.

Doch kann ein solcher Wandel nicht anders wirken als wie ein Kommunismus durch die Hintertüre, ein utopischer Kommunismus. Es fehlt ihm die Motivierungskraft für eine moderne Bevölkerung. Diese will keinen wie auch immer gearteten Kommunismus mehr, sondern - im Gegenteil - einen wie auch immer gearteten, totalitären, individuellen Hedonismus, unter Wahrung fundamentalisierter Menschenrechtlichkeit. Sie will, dass dies zuerst hergestellt werde, und dass erst danach die Frage beantwortet wird, ob das nun Kommunismus bedeute. Sie will nicht zuerst einen Kommunismus herbeirufen, der danach dann als individualistischer Hedonismus funktionieren soll.

Hier kommt nun die Ökologie ins Spiel. Die grüne Wende erweist sich bald als essenziell. Denn hier taucht nun zum ersten Mal seit 1945 eine zweite Substanz auf, die aus dem politischen Spinozismus der NKD einen Dualismus machen könnte. Die Kandidatin für die Position als zweite Substanz heisst «Erde» oder «Natur» oder «Klima». In ihr verdichtet sich die seit 1945 geradezu vaporisierte Sache wieder zu einer, mit dem nackten Einzelnen konkurrierenden Substanz. Das Problem, welches man sich damit schafft, liegt immerhin auf der Hand. Die zweite Substanz kann nicht nur, sondern wird zwangsläufig Situationen schaffen, die geeignet sind, nicht nur die gottgleiche Stellung des nackten Einzelnen zu unter-graben, sondern auch die Position der Shoa als dem Siegel des Menschen-rechts zu gefährden.

Damit dies verhindert werde, drängen heute die Marxisten in die Ökologie und übernehmen die grüne Ideologie. Sie tun es hauptsächlich unbewusst. Sie wittern, dass eine Ökologie, welche die «Natur» zu einer dem Einzelmenschen ebenbürtigen Rechtssache macht, einem Dammbruch gleichkäme. Eine solche Situation gab es 1968 schon einmal.

Wenn die «Natur» eine solche Position einnehmen darf, kann es prinzipiell jede andere Sache auch. Damit wäre der Rückkehr des Faschismus Tür und Tor geöffnet. Er ist die Alternative zum politischen Spinozismus. Er ist substanzpluralistisch und damit menschenrechtlich-relativ aufgestellt. Er entspricht dem Alltagserleben, das pluralistisch ist.

Für die Marxisten ist klar, sofern sie gewitzt sind, dass die Ökologie-bewegung um jeden Preis «links» verankert werden muss, dass keine zweite Substanz der ersten Konkurrenz machen darf. Damit kastriert der Marxismus die Ökologie. Er verwendet sie neu als Instrument zur Disziplinierung der Massen, die er offiziell als Massen begrifflich gar nicht mehr kennen dürfte. Indem er einen faschistischen Reflex aller Menschen aus-nutzt - den Schutz des Heimes - und ihn auf die Erde, die Natur, das Klima überträgt, und indem er ihn von Heimat, Nation und Volk entfremdet, gelingt es ihm, die Gefahr eines jeden echten Pluralismus zu bannen.

Der Kampf der Linken ist somit vorgegeben: Die Linke überwindet den drohenden Faschismus als einen Pluralismus, indem sie dessen Grundlage, indem sie den Schutz des «Heimes» (des Eigenen), in die Ökologie übernimmt und diese für den Kapitalsozialismus dienstbar macht, um die Gefahr zu bannen, dass der herrschende, politische Monismus nun selbst zu einem Pluralismus wird.

Hier kommen wir zurück zu unserem Quellentext, der doch so ganz anderes zu berichten weiss, als worüber wir uns gerade unterhalten haben. Doch der Schein täuscht. Wir lesen – ich habe den Text aufs Wesentliche komprimiert – nämlich: «Wir haben da eine richtige Zweiteilung in unserer Gesellschaft: eine liberalere Hälfte und eine für Islamfeindlichkeit hochgradig anfällige Hälfte. Doch warum ist das so? Politisch erzeugen die klassischen Stereotype vor allem der Rechten vom gewaltsamen, fanatischen und frauenverachtenden Islam Angst und Ablehnung bei den Bürgern.»

Das denkstrategische Element liegt im Satz: «(...) warum ist das so?» Da-bei ist nicht die Frage wichtig, wie diese Frage beantwortet werden kann, sondern die, wieso solches überhaupt gefragt wird? Wieso fragt jemand nach der vorausgehenden Festhaltung, wieso «das so ist»? Die Antwort, welche die erdrückende Mehrheit der Bevölkerung darauf geben würde, wäre wohl diese: «Das ist so, weil die Islamisten seit ihrem Eindringen in den Westen zu einem Klima des Terrors und zu inzwischen Hunderttausenden von Verbrechen geführt haben. Darum gibt es diese zweite Gruppe in der Bevölkerung und damit auch das Schisma.» Man hält somit das Schisma für das Ergebnis einer Realität, für ein Urteil über einen Tatbestand, und nicht für das Ergebnis eines Vorurteils.

Doch der Gewährsmann, der uns hier belehren will, antwortet hierauf anders, nämlich: «Politisch erzeugen die klassischen Stereotype vor allem der Rechten vom gewaltsamen, fanatischen und frauenverachtenden Islam Angst und Ablehnung bei den Bürgern.» Es seien die inhärenten Stereotypen der Rechten, welche das Schisma herbeigeführt haben, nicht die Wirklichkeit der Verbrechen. Mit anderen Worten: Gäbe es diese Stereotypen nicht, so würde auf den islamistischen Terror lediglich die liberal-tolerante

Antwort vorliegen. Denn diese setzt auf dem Rousseau-Menschen auf und hält Terroristen und Kriminelle für Verführte, rät dazu, dass man sie nicht reizen möge, sondern zur Deeskalation beitrage, damit der Effekt jener Verführtheit nachlasse.

Das heisst, dass man die inhärenten Stereotypen der Islamisten für ebenso ursächlich hält, wie jene der hauseigenen Rechten, dass beide keinen Zusammenhang mit der Wirklichkeit haben und blosse Vorurteile darstellen, auch dort, wo offensichtlich Urteile vorliegen, nämlich in der Reaktion auf Verbrechen bei den Einen, und in der Reaktion auf Unglauben und Beleidigung des Islams bei den Anderen.

Es handelt sich hier also um eine Sicht, die den Menschen als grundlegend verführt (konditioniert) betrachtet (Stereotype und Vorurteile überschreiben alles) und ihn damit als ebenso grundlegend schuldlos sieht (als vor-eigentümlich, Abel-haft).

Es ist dies eine Sicht, die der Wirklichkeit keinen Quellenstatus verleiht, auch nicht der Logik. Die Wirklichkeit kann noch so eindeutig sein, diese Offensichtlichkeit zählt nicht. Es ist eine Sicht flächendeckender und perennierter Familiarität und der Erziehung des Subjekts, die tiefenpsychologische Sicht von «Mama und Papa». Der Mensch ist in diesem Spiel stets Sohn oder Tochter, ist als solcher und solche unreif und keineswegs ausreichend auf die Welt vorbereitet. Daher gilt seine Erkenntnis über die Welt in dieser Sicht nichts. Er sei noch nicht souverän und benötige noch den «Experten», wie er in psychologischer Hinsicht paradigmatisch in der «Familie» inkarniert ist.

Was ist damit geleistet? In Bezug auf die Wirklichkeit ist die radikale Kastration derselben vollzogen. Wirklichkeit zählt an sich nicht. Dasselbe gilt für jede Logik des Denkens. Geleistet ist eine Urpsychologie der politischen Existenz. Geleistet ist eine künstliche «Zurückbiegung» Kains auf den Abel in uns.

Damit ist jedoch ein Urgewaltakt verbunden und sanktioniert. Der Ur-akt der Ausübung eines intrafamiliären Zwangs kastriert nun aber auch das Menschenrecht, weil er die Souveränität des nackten Einzelnen im Grunde genommen storniert. Das Menschenrecht wird hier zur Machtschablone, um politisch-ethisch-sophistische Prozesse zu gewinnen, wobei systematisch im Dunkeln bleibt, dass die geschützte Souveränität des Einzelnen nur eine pro-grammatische ist und nie real verstanden werden darf. Real ist das Individuum unterworfen, unter «Mama und Papa», und zwar immer wieder neu.

Die Freiheit, die sich der Abendländer in der Aufklärung erkämpft hat, als er sich vom Monismus der Religion des Egotheismus des Christentums und vom Gottesgnadentum der Regierung befreite, ist ihm in der NKD inzwischen auf subtile und höchst perfide Weise wieder entzogen worden.

Die Freiheit der westlichen Weltkriegssieger entpuppt sich heute bei genauerer Betrachtung als Fälschung. Sie entpuppt sich als der Ur-Fake aller Fakes, von denen es heute wimmelt.

Indem man uns bis zum Ende des NKD-Umsetzungsmoratoriums 1989 glauben machte, dass Freiheit darin bestünde, abstimmen zu dürfen und sich wählen zu lassen, dass sie in den dem Individuum zugesicherten Rechten bestehe, die in der Verfassung festgeschrieben sind, behandelte man uns gleichzeitig als die Objekte einer perennierenden Nacherziehung zur dereinstigen, bloss asymptotisch erreichbaren Souveränität, die eine Scheinsouveränität ist und bleiben muss, damit man uns jederzeit abholen und für etwas einspannen kann, ohne uns damit in Konflikt mit der NKD zu bringen. Man hat all unsere genuine Fähigkeit, mit Wirklichkeit und Logik selbständig umzugehen, politisch und ethisch von Anfang an negiert, darüber aber seit 1945 fünfundvierzig Jahre lang eisern geschwiegen.

Erst heute, wo man mit Hilfe der entfesselten NKD ganz bewusst einen Weltzustand herbeiführt, worin das Verbrechen in vielfältigster und haarsträubendster Gestalt zum zentralen Agens aufsteigt, und wo sich im realsouveränen Individuum, das 1789 (in den USA 1776 mit der Unabhängigkeitserklärung) befreit worden ist, endlich Widerstand regt, der darauf hindeutet, dass das Subjekt ultimativ einen Pluralismus der Substanz einklagen will, freilich ohne es in den meisten Fällen selbst zu wissen, tritt der despotische Charakter der NKD ganz und gar zutage.

Jetzt zeigt es sich, dass wir seit 1945 in einer Tyrannis leben, die sich den Anstrich der Demokratie gibt. Sie zwingt uns jetzt auszuhalten, dass man uns alles wegnimmt, was wir traditionell für «Unseres» halten, auszuhalten, dass man uns rückentwickeln will bis zu jenem Abel, den Rousseau gemeint haben muss, und dass man uns daran hindert, den Kain in der schieren Wirklichkeit zu bekämpfen. Denn, so die reine Lehre: Auch Kain sei bloss ein Abel, den auf sich selbst zurückzuentwickeln jedoch erst in einem zweiten Schritt gelingen könne.

Es zeigt sich heute, dass die NKD nichts anderes ist als die Philosophie der Familie, in welcher Mama regiert, während der korrekte (von Mama erzogene) Papa sie gegen aussen hin schützt.

Wenn man begreift, was ich damit sagen will, wird die aktuelle politische Lage glasklar. Alle Widersprüche, die sich uns normalerweise in den Weg stellen und das Verständnis behindern, wenn wir uns mit der Aktualität befassen, erweisen sich als ausgeräumt.

Welcher Urkampf liegt, so frage ich mich, dieser ganzen Epoche dem-nach zugrunde? Es ist jener zwischen dem Kain des Faschismus (auch des Faschismus des Fremden, des Xenofaschismus), der darauf besteht, «eigentlich» und «sich selbst» zu sein, zu «besitzen» und zu «eignen» - und der im Nationalsozialismus zum millenaren Verbrechen der Shoa geschritten war - und dem Abel des Kommunismus, der dem Rousseauschen Gutmenschen nahekommt und bereit ist, alles mit allen zu teilen, wie der Heilige Martin seinen Mantel mit dem Bedürftigen am Wegrand.

Man mag nun erwidern, der Bibel folgend, dass dieser Kampf von Abel gewonnen werden müsse, denn dieser sei gottgefälliger als Kain. Doch wäre das zirkulär gedacht.

Die wahre Frage ist eine andere, und sie wird nie gestellt. Es ist die Frage, was denn das sei, was jemand «hervorbringe»? Was ist das, was jemand «erfindet»? Was ist das, was jemand «aufbaut»? Ist es Vorfindliches in der Natur, wie ein Stück Land oder wie ein Gehölz? Vorfindlich für alle? Oder «gehört» es a priori dem, der es «schöpft»? Ist es «genuines Eigentum»?

Darauf hält die Welt zwei Antworten bereit, jene der Egotheismen (Judentum, Christentum, Islam) und jene des Heidentums und seiner Unterart des modernen, wissenschaftlichen Agnostizismus. Für den Ego-theismus gibt es kein solches «genuines Eigentum», denn alles ist ihm von Gott, aus Gott und durch Gott. Für das Heidentum und die Agnostik ist es gerade umgekehrt, ist praktisch alles, was «geschaffen» wurde, «genuines Eigentum», und zwar dessen, der es persönlich erschuf.

Der Abel Rousseaus hingegen hat auf eine solche Frage keine Antwort. Er merkt nicht einmal – wie ein Kind -, dass er etwas «schöpft» oder «schafft». Darum wird er von allen Ideologien des Zwanzigsten Jahrhundert - mit Ausnahme des Faschismus – radikal dem Kain vorgezogen. Er stellt die manipulierbare, schutzlose Form des Subjekts dar, er ist im Grunde kein Subjekt, sondern Objekt. Er ist nicht schlicht der «Gute», er ist noch mehr der Dumme. Kain hingegen ist renitent, ist «weniger gut», aber auch gescheiter. Kain ist für eine Ideologie wie etwa den Marxismus oder für die NKD unattraktiver als Abel. Nötigenfalls garnieren sich diese Ideologien mit Versatzstücken der Religion, oder sie paktieren mit dem Islam.

Damit lässt sich die Gretchenfrage der Mehrheit der Bevölkerung westlicher Kulturstaaten beantworten: «Wie lässt sich der Wahnsinn, der heute vor sich geht, stoppen und rückgängig machen?» Die Antwort lautet: Nur mit einem Supernationalsozialismus, der den ganzen Westen ergreift, und mit einer Super-Shoa. Damit ist aber unmittelbar klar, dass dies keine Option ist, die ihrerseits mehrheitsfähig werden kann. Sie besteht nur in der Theorie.

Praktisch ist nichts mehr korrigierbar. Der Rechtskonservativismus, wenn er in zahlreichen, westlichen Staaten in den nächsten zehn Jahren die Oberhand gewinnen sollte, löst das Grundproblem nicht. Er müsste nämlich die NKD ausser Kraft setzen, um Erfolg zu haben. Das heisst, er müsste das Menschenrecht entmachten und die Shoa zu etwas Vergleichbarem erklären. Aber – und darin läge das Kunststück - ohne dadurch zum Nationalsozialismus zu werden. Wie soll das gehen? Es ist nicht nur unmöglich, es hätte auch keine Dauer.

Darum ist die einzige «Lösung», welche die Geschichte in solchen La-gen bereithält, der langsame Untergang der Zivilisation. Zuerst erfolgt er beinahe unmerklich und betrifft immer noch Reversibilitäten. Dann merkt man plötzlich, dass man in einem «anderen Film» ist. Und schliesslich merkt man dann nicht mehr, wie die Zivilisation niedergeht, weil die Wahrnehmungsfähigkeit als solche schwindet. Am Ende hält man dann die Zerstörung für einen Aufbau und die tiefere Stufe für die höhere, den Niedergang für Fortschritt. Durch den dann vollendeten Bevölkerungsaustausch kommt hinzu, dass die Zivilisation an ihrem ureigenen Ort selbst verdrängt wurde und immer mehr, wo noch vorhanden, Fremdkörper wird, den am Ende die Religion beseitigt.

Damit haben wir den Bogen skizziert, der ausging von den Aufklärern des Achtzehnten Jahrhunderts, der über den Kapitalismus und den Marxismus führte, die Faschismusreaktion und den Weltkrieg provozierte, an dessen Ausgang die NKD stand, die sich nun endgültig entfaltet, seit auch der Marxismus von seiner eigenen Realität befreit ist.

Nicht nur vermischt sich der Kapitalismus mit dem Sozialismus immer stärker, es mischen sich auch NKD und Religion. Ganz am Schluss wird diese innere Bewegung ins allgemeine Fromme kippen, und wieder wird Gott die Wirklichkeit und alle ihre Fragestellungen, die zur Zivilisation geführt haben, ablösen und den Geist der Menschen gefangen setzen, die ihn fortan wieder zu ergründen suchen, weil er alle anderen Objekte verdrängt hat, ohne jemals damit an ein Ende gelangen zu können. Die offenbarungsreligiöse Travestie der empirisch-logischen

Endlosigkeit des Dialogs des Menschen mit der Natur im Heidentum und in der Zivilisation wird auch jetzt – wie schon einmal vor zweitausend Jahren - letztere erst niederzwingen, dann liquidieren und schliesslich erfolglos zu ersetzen versuchen, ehe der Zyklus von neuem beginnt.

Wo sind also die wahren Schuldigen? Der Schuldige war bereits zu Lebzeiten Rousseaus das ungenaue Denken, das verhinderte, dass der sonderbare, spekulative Abelismus des Aufklärers rechtzeitig durchschaut wurde. Dasselbe ungenaue Denken verhinderte die Aufdeckung desselben Abelismus im Marxismus, und es verhinderte die Aufdeckung der NKD als das Grab der Souveränität des Individuums. Das Individuum ist nun-mehr fast achtzig Jahre zum Narren gehalten worden.

Doch warum schaffte es unser Zeitalter nicht, bei aller Denkschärfe in den Naturwissenschaften, die Hamartie der Neuzeit zu eliminieren? Das entscheidende Element im neuzeitlichen Turmbau zu Babel ist die Shoa, die Versiegelung des Denk- und Handlungsraums mit einem zur Singularität erhobenen Verbrechen. Darin wiederholte sich strukturell das Ereignis von Golgatha und die Erhebung des Kreuzes zum Zeichen der Welt. Solche Versiegelungen markieren das Ende der zivilisatorischen Anabasis und die Unmittelbarkeit des Beginns des ebenso gewaltigen Niedergangs, auch wenn niemand es merkt, und es erst auffällt nach einem, oder sogar erst nach zwei Jahrhunderten.

Das Prinzip sowohl der marxistischen als auch der NKD-Theorie vom Menschen lautet: „Treibstoff und Pädagogik sind alles". Die Veranlagung des Menschen spielt dabei keine Rolle. In Bezug auf sie wird vorausgesetzt, dass sie invariant sei.

Marxismus und NKD basieren auf einem Abelismus, aus
je verschiedenen Gründen. Beim Marxismus ist es ein dia-
lektischer, bei der NKD ist es die Shoa vor dem Hintergrund von Rousseaus spekulativem Abel. Was aus der
Aufklärung Gutes erwachsen konnte, wurde umgesetzt,
namentlich die Freiheit des Einzelnen und die Souveränität des Einzelnen in allen Belangen seiner Existenz. Was
an Unsinn aus derselben Aufklärung ab-leitbar war, wird
heute umgesetzt, der Equality-Gedanke und eine naive
Umsetzung des Abelismus, unter Ausserachtlassung biologischer Fakten.

Wer Tolkiens gewaltiges Weltgeschichtsepos «Der Herr der Ringe» kennt, weiß, dass der Ring der Macht ein Fingerring ist, durch den das Böse die sogenannten Ringträger steuern kann. Das Epos ist nicht zuletzt dank der Verfilmung durch Jackson in den allgemeinen Bildungshintergrund unserer Epoche übernommen worden. Weitere Erläuterungen zu Tolkiens Fantasy-Metapher erübrigen sich also an dieser Stelle.

Doch was ist ein «Ring der Macht» wirklich? Ganz sicher ist er kein Fingerring. Macht über die Menschen kann man nicht über Fingerringe ausüben. Macht übt man über Kapital und Psyche (Denken, Fühlen und Handeln) aus. Diese Ausübung war Gegenstand welthistorischer, massenmörderischer Auseinandersetzungen im Zwanzigsten Jahrhundert. Im Rahmen solcher Auseinandersetzungen dürften bis heute weltweit etwa eine Milliarde Menschen psychisch zerstört oder physisch umgebracht worden sein. Im Einundzwanzigsten Jahrhundert geht der Tanz mit dem Bösen weiter. Das Böse wird, wenn nicht alles täuscht, sein Wüten sogar noch einmal steigern können. Die Voraussetzungen dafür werden derzeit gerade geschaffen.

Ein «Ring der Macht» ist somit ein Rahmenprogramm zur Beherrschung des Verlaufs menschlicher Handlung und menschlicher Argumentationsstränge, zur verdeckten Lenkung der menschlichen Psyche. Dieses Programm läuft nicht irgendwo bei einem Bösen auf einem Computer, es steckt in jedem von uns drin und reguliert alles, was wir denken, fühlen, empfinden und tun. Namentlich bestimmt es unsere Werte, unser Ethos und die Moral. Der Clou: Es verkauft sich als das Gute. Und zwar in gewissem Sinne von alters her, in Form von egotheistischen Religionen. Darüber schrieb ich in meinen Büchern Imperium Humanum, Smenokratie, Endspiel in Theben, Titanic voraus! Aber auch im Rahmen der philosophischen

Auseinandersetzung mit dem Problem der Erzeugung künstlichen Bewusstseins in Mr. Data und das Braitenberg-Universum. Dort spreche ich explizit vom «Ring der Macht» im Zusammenhang mit dem Gottes-Zirkel der drei abrahamitischen Weltreligionen.

Man kann den «Ring der Macht» ganz einfach erklären. Die nachfolgende Grafik erläutert sein Grundprinzip:

Ausgang ist stets ein Paket. Dieses enthalte alles, was in einem bestimmten Kontext von Belang sei, angefangen ganz oben beim Kosmos, also in der Ontologie, und aufgehört im menschlichen Alltagskontext. Der Empfänger dieses Pakets unterzeichnet als erstes den Lieferschein, womit er konzediert, dass er in Bezug auf dieses Paket alles akzeptiere, was mit ihm verbunden sei, und dass er auf jegliche Geltendmachung von Mängeln verzichten werde. Danach schnürt er das Paket auf und breitet seinen Inhalt und die Verpackungsbestandteile feinsäuberlich aus. Egal, was sonst noch im Paket war, es wird nun immer auch ein Kobold heraus-springen, der sich in Widerspruch zum Inhalt des Pakets setzt und den Empfänger auffordert, entgegen des von ihm unterzeichneten Dokuments zu handeln und das Paket zurückzuweisen. Doch dieser hat bereits in der im Paket enthaltenen Gebrauchsanweisung gelesen, dass der Kobold ein Test sei. Ihm sei keineswegs zu folgen. Er sei zur Prüfung der Loyalität des Empfängers notwendig und müsse von diesem zum Schweigen gebracht werden, indem ihm erklärt werde, er wäre durchschaut und trage einen bestimmten Namen, den auszusprechen die Verpflichtung mit sich bringe, ihn, den Kobold, zusammen mit dem restlichen Paketinhalt wieder zum vollständigen Paket zusammenzuschnüren, das geliefert wurde, worauf sich die ganze Prozedur so lange wiederhole, wie er, der Empfänger lebt, beziehungsweise, solange die Welt besteht.

So simpel, so unendlich raffiniert! In der Tat ist das «Etwas» nur dann das «Alles», wenn es auch seinen eigenen Widerspruch enthält. Und in der Tat heißt «dies zu begreifen», das Auftreten des Widerspruchs dazu zu verwenden, alles wieder zu jenem «Etwas» zusammenzufassen, dem er entsprang, und das von sich behauptet, «Alles» zu sein. Nimmt man den Widerspruch vom Ganzen weg, ist das «Etwas» nicht mehr das «Alles». Folgt man aber dem Widerspruch, so zerstört man das «Etwas». Worin besteht also die Macht des «Ringes», der Zirkularität? Sie besteht darin, dass man fortan nichts anderes mehr tun kann, als etwas auszupacken und wieder zusammenzuschnüren, und zwar – und das ist das Perfide – als Ersatz für wirkliche, ergebnisoffene Handlung. Merkt man das über-haupt? Nein, denn uranfänglich wird einem ja «Alles» versprochen und auch geliefert, also immer auch die Macht über die Welt. Man muss somit nicht mehr ergebnisoffen sein. Wer «Alles» bekommt, muss nicht mehr suchen! Wer «Alles» bekommt, muss nicht mehr denken! Wer «Alles» bekommt, muss nicht mehr – leben! Vielmehr muss er sterben. Bis es so weit ist, hat er nur noch eines zu tun, auszupacken, was «drin» ist, und wieder zusammenzupacken, was herauskam, inklusiv den Widerspruch, der es zum «Alles» macht.

Dieses raffinierte System ist die Blaupause der drei Weltreligionen. Es ist die Blaupause von Hegelianismus und Marxismus. Und es ist die Blaupause des Menschenrechtsfundamentalismus als Kern der NKD. Es enthält alles, was man «braucht», sogar den Zweifel. Dieser springt als Kobold aus der Kiste. Doch ist er jetzt nicht mehr der eigene Zweifel, sondern nur noch der Tester im Dienst der Macht, ob man denn wirklich gemäß dem eingegangenen Vertrag denke, handle und werte! Du bist immer noch völlig souverän, doch nur noch als eine Marionette. Das ist dir egal, weil du stets mit «Allem» bedient bist, wie du glaubst.

Doch ist dieses «Alles» in Wirklichkeit nur ein anderes Wort für «Nichts». Ausgeschaltet ist auch der Satz vom Widerspruch, der das logische Räsonieren ermöglicht.

Wer dies eingesehen hat, kann nie mehr einer der drei Weltreligionen folgen, er kann nie mehr Marxist sein, und er wird den Boden der NKD verlassen. Damit jedoch gerät er vor das Schwarze Tor Mordors. Sobald er die NKD hinter sich lässt, hat er den Vertrag gebrochen. Nun zeigt sich, was dahintersteckt: Absolute Herrschaft. Nun kommt es zum Krieg. Dieser Krieg ist legitimiert durch den Ring, und er ist zugleich das absolute Böse. Wer sich also vor jenem Schwarzen Tor wiederfindet, weiß unmittelbar, dass alles, was die westliche Welt spätestens seit 1945 «glaubte», ebenso vom Teufel war wie das, was die östliche Welt «glaubte», er weiß nun, dass dahinter ein und derselbe Herrscher steckt. Die Antisemiten identifizieren ihn mit dem «Juden», doch ist das viel zu kurzsichtig gedacht. Die «Juden» waren nur das erste uns bekannte, hellsichtige Opfer des Rings. Uropfer, noch ganz und gar blind, war Altägypten.

Hinter dem «Ring der Macht» steht ein grundsätzliches Problem der Ontologie, des menschlichen Fragens nach dem Sein, dem Seienden und seinem Sinn. Das Problem ist kein «jüdisches», es ist grundlegend. Der Ring stellt die Funktionsweise der Totalität dar. Hegels Dialektik befasste sich mit dem Zusammenhang. Doch wurde er bereits von Parmenides behandelt, der als Initium das «Eine» stipulierte. Dieses «Eine» ist jenes Paket, das alles enthält, und zwar wirklich alles, es ist der Ursprung. Später wurde das «Eine» dann mühelos durch den «Gott» der Weltreligionen ersetzt, der auch «alles» ist, der «alles» schuf, und der, wie die Muslime so treffend sagen, «grösser» ist als «alles». Nur wenn er das ist, ist er alles.

Dieser grundlegende Ring gehört allen Menschen, er ist das Betriebssystem ihres Bewusstseins. Die von Tolkien Ringträger genannten Könige sind in Wirklichkeit die großen Philosophen der Menschheit. Sie allein waren sich des Rings bewusst und nutzten seine Macht. In gewisser Weise trugen sie ihn also an ihrem Finger. Doch einer von ihnen miss-brauchte ihn schließlich. Bei Tolkien heißt er pseudogriechisch Sauron, was so viel wie der Schreckliche bedeutet. Er fand heraus, dass man das, was für die Totalität gilt, auch umgekehrt sehen kann. Man kann durch den Ring etwas Partikuläres zu einer Totalität machen. Man kann innerhalb des Kreises des Seienden für den Geist ein Gefängnis bauen, das ihm zwingend als die Totalität erscheinen muss, sie aber nicht ist. Man kann den ontologischen Grundsachverhalt wie eine Schablone verwenden, um aus Spezifischem, zum Beispiel dem menschlichen Zusammenleben, die Totalität zu machen, ein zirkuläres Ganzes, aus dem sich der Mensch nicht mehr befreien kann, außer er breche den von ihm eingegangenen Treuevertrag gegenüber jenem Ringträger, der seinen Ring so herum eingesetzt hat.

Diese Tat heißt von alters her die böse. Wie man leicht einsieht, ist das Böse eine intrinsische Möglichkeit des Menschen. Psychologisch gesehen ist der Augenblick, wo sich das Ich an die Stelle des «Vaters» setzt, und wo im Gegenzug der «Vater» zum «Ich» wird, der Moment des «Bösen». Als der «Vater» zum «Ich» wurde, wurde ich zur Kreatur, und ich erlangte mein Ich nur zurück, indem ich selbst den «Vater» werde. Dasselbe ließe sich auch mit der «Mutter» genauso machen. Darin steckt wiederum der «Ring der Macht». Der «Vater» ist das Paket, dessen Empfänger bin «Ich». Zur Religion wird dieser psychologische Zusammenhang, dieser psychologische «Ring», indem er dem Universum gleichsam vorausgesetzt wird.

Paradigmatisch war dies in der altägyptischen Theologie der Fall gewesen, weshalb alle, die unbewusst oder gar bewusst an einem solchen Modell arbeiten, wie die klassischen Großlogen, dahin zurück tendieren, flankiert durch die drei Weltreligionen, die damit in ursprünglichem Zusammenhang stehen. Das Universum wird zur Schöpfung des «Vaters», und ich werde zur Kreatur, die sich nun nur noch als ein Ich retten kann, indem sie den «Willen des Vaters» (des «Herrn», des «Pharao») zu dem ihren macht und fundamental zum «Gläubigen» wird. Dasselbe geschieht in der NKD mit dem «Menschen», den ich in meinen Schriften als den «nackten Menschen» oder als den «Prinzeps» (in der «geretteten Demokratie») bezeichne. Er besetzt die Position «Gottes», des «Vaters» oder der «Mutter», und ich selbst habe fortan nur noch insofern ein eigenes Ich, als ich deren «Willen» zu dem meinigen mache (und also gerade keines mehr habe). Damit werde ich zum «Menschenrechtsgläubigen», als der Vorstufe zur archaisch verstandenen «Gottgläubigkeit», deren Wiederkunft sich heute vorbereitet hinter der Ägis des Islam.

Nun wollen wir zurückkehren, und den Faden im weniger Grundsätzlichen wieder aufnehmen, ehe wir am Ende dieses Kapitels zum «Ring der Macht» zurückkehren.

«Aus Vater Staat ist die allschützende Große Mutter geworden, die es uns ersparen will, erwachsen zu werden».[2] Und die, man ahnt es, andauernd davon spricht, Politik für Erwachsene zu machen. Man erkennt den Shift, wie derselbe Autor treffend schrieb, am Verlust der Sachlichkeit: «Wenn jemand in einer politischen Diskussion mit einem Argument kommt, erscheint er als altmodisch».[3]

---

[2] Tweet, Norbert Bolz, 11.12.2018
[3] Tweet, Norbert Bolz, 17.12.2018

Die Sachlichkeit hat dem Statement ihren Platz überlassen, einem geistigen Convenience-Produkt, das sowohl in die Ethik als auch in die Moral getunkt worden ist, zur Desinfektion, und in sich alle notwendigen und standardisierten Schnittstellen aufweist, um Shoa-kompatibel verbaut werden zu können. Man merkt das sofort, wenn es nicht funktioniert.

Statements haben heute die Funktion, die in der alten Welt dem Zitat eines Heiligen, eines Kirchenvaters, eines Apostels oder gar Jesu Christi zukam. Solches Zitat war voll kompatibel mit «Golgatha» und mit der «Auferstehung», so nämlich, dass man jeden Angriff darauf als einen solchen aufs Herz des Christlichen in die hinterste Hölle verdammen konnte. Jedes solches Zitat war ein Test, ob der Rezipient wirklich christlichen Glaubens war. Heute ist jedes Statement ein Test, ob der Adressat die Botschaft von Auschwitz vollkommen verstanden, ja radikal verinnerlicht hat.

Selbstverständlich hält man genau das nicht nur für den Fußabdruck des Guten schlechthin, sondern für gar keiner Diskussion mehr würdig. Man nennt es heute «nicht verhandelbar».

Struktur und Funktion unserer aktuellen Debatte sind wieder zu jenen geworden, die einst den Klerikalismus ermöglichten. Hauptmerkmal einer solchen Epoche ist die Verwischung des Unterschieds zweier gegenteiliger Positionen, jener von Ethos und Ontik, zwischen den politischen drei Gewalten, zwischen Wahr und Falsch, zwischen Mann und Frau, zwischen Innen und Außen.

Die Verwischung ist die Folge des zugrundeliegenden Monismus. Früher war es jener «Gottes», aus dessen unendlichem Gehalt an Semantik sich, wie Spinoza es exemplarisch vorgemacht hat, alles andere ableiten ließ, und worin substanzielle Pluralität zum bloß Attributiven verblasste. Im Christlichen ging es um den großen Zeigefinger, den der Künstler auf dem Isenheimer Altar so wunderschön in Szene gesetzt hat, den Zeigefinger auf das Skandalon dieser Welt, die Kreuzigung Christi, die zum Mysterium der Welt wird. Jede Diskussion begann und endete mit der Lobpreisung Christi, des Sohnes Gottes, und seiner Auferstehung von den Toten, von der Erlösung der armen Seele durch jene unbegreifliche Gnadentat.

Dasselbe beobachten wir heute säkularisiert mit der zum Sakrament erhobenen Shoa, der Ursünde des modernen Menschen, die zugleich Skandalon dieser Welt ist und bleibt und uns alle, sofern wir uns ihrer Paradoxie unterwerfen, von der Verirrung des Geistes erlöst und aus den Klauen des Bösen befreit, das als Faschismus in alle Ewigkeit tief in uns sitzt.

So sind unsere moderne und die postmoderne Welt zurückgekehrt zu einem Substanzmonismus. An die Stelle Gottes trat der nackte Einzel-mensch, idealtypisch repräsentiert im «Flüchtling», im «Migranten» zwischen den Welten des Bösen und des Guten. Die anderen substanziellen Pluralitäten verkommen zu Attributen dieses Einen und Erhabenen (des Homo augustus, der als Prinzeps die Republiken unterwirft). Ich habe darauf ausführlich hingewiesen.

Niemand ist sich heute dieser Rückkehr in die finstere Zeit der Unaufgeklärtheit bewusst. Denn die uns umgebende Zivilisation ist hypermodern, erscheint radikal freiheitlich und ist eine offene Bahn in die Galaxie.

Das gleißende, nie endende Schauspiel im Großen Kolosseum unserer Zeit täuscht uns alle darüber hinweg,

was im Grunde besiegelt ist: Die Freiheit des Einzelnen ist
tot. Sie wurde in Abhängigkeit gebracht, in Abhängigkeit
vom Prinzeps, der uns unsichtbar allüberall in seiner Hand
hat. Frei ist heute allein der nackte Mensch, nicht der bekleidete, nicht der kultivierte, nicht der Mensch einer bestimmten Kultur, einer Zivilisation, eines bestimmten
Brauchtums, einer bestimmten Demokratie oder Tradition.

Diese letzteren Ausprägungen unserer Individualität
sind unterworfen. Menschen haben jede Bindung, die jene
an den Prinzeps übersteigt, auf Zuruf hin aufzugeben, haben sich jederzeit von ihrer Nationalität, ihrem Brauchtum,
ihrer Sprache, ihrer Rechtsauffassung loszusagen, sobald
der Prinzeps es verlangt. Er allein ist derjenige, der
Auschwitz überlebt, er allein besitzt das Recht. Sein mot de
passe ist «Asyl».

Deshalb besteht heute alle Politik nur noch darin, diesen Sachverhalt aufzudecken und zu festigen, zu verherrli-
chen, zu feiern und zu propagieren. Darin besteht die heils-
geschichtliche Mission des Menschlichen.

In den Republiken ist zwar noch zu politisieren, aber
bloß provisorisch, delegiert, unfrei, in Erwartung des Erhabenen, der im altehrwürdigen Senat der Republik jederzeit
auftauchen kann - womit dann jeweils der große Testlauf
beginnt: Bist du einer von uns – bist du keiner von uns? So
lautet die Frage des Prinzeps, sie richtet sich stets an den
Menschen im Senator, egal, welchen politischen Inhalt dieser gerade bespricht.

Politik heutzutage ist ausschließlich eine solche ad
hominem. Interessieren tut nur, ob du der Ekklesia zuge-
hörig bist, oder ob du meinst, noch frei wie die Alten über
eine naiv aufgefasste Sache diskutieren zu dürfen. Diese Sache existiert nicht mehr.

Die Naivität des banalen In-der-Welt-Seins wurde für
tot erklärt. Alles führt nun über den Einen, den nackten
Menschen. Sein Kopfnicken ist entscheidend. Er entscheidet über dich und mich als über Menschen, nicht über Bürger. Nickt er uns ab, dürfen wir weiterreden, hebt er war-
nend die Hand, so haben wir zu verstummen.

Der Prinzeps ist aber kein Monarch, wie man glauben
möchte, er regiert nicht aufgrund oder im Rahmen einer
Staatsform. Er regiert durch seinen Auftritt in der Republik,
mischt sich in diese nicht ein, sondern bestimmt nur, wer
darin reden darf, und wer stumm zu bleiben hat. Er ist der,
der selektiert. Hierin ist er die gute Inkarnation dessen, der
im Sakrament unserer Zeit an der Rampe als der Böse ge-
wählt hat. Er wählt nun jene aus, die eingedenk seiner Ma-
jestät denken und reden, und er bringt jene zum Verstummen, die meinen, eingedenk des «Volkes» - des bekleideten
Menschen - denken und reden zu sollen.

Dieses «Volk» verdrängt nun und für alle Zukunft er
selbst, der Prinzeps. Er nimmt den Platz des «Volkes» ein.
Die durch irgendein Verfahren festgestellte Meinung des
«Volkes» ist kein Thema mehr. Die Meinung des «Volkes»
wurde in Ersatz gebracht durch die Meinung des nackten
Menschen.

In unserer Zeit ist der Prinzeps, der homo augustus,
noch unsichtbar, er steht wie der Tod unmittelbar hinter
dir, kontrolliert dich durch und durch. Lässt er dich reden,
empfindest du Irritation. Im Ereignis der Gnade bringt er
dich ins Stottern, und es beschleicht dich Angst, Vorge-
schmack auf ewige Verdammnis. Er ist der Große Bruder.

Institutionell bleibt alles republikanisch, und man
nennt sich selbst weiterhin frei, souverän. Doch macht man
weder von dieser Freiheit noch von jener Souveränität

Gebrauch. Sie gleichen verliehenen Orden, ansonsten bedeuten sie nichts. Die Gnade, sprechen zu dürfen, übersteigt alles, die damit verbundene Glückseligkeit macht jede Frustration wett. Zugleich hat es den Anstrich des Dramatischen, des «Arenalen», wird selbst zu einem Ereignis im Großen Kolosseum der Zeit, im Riesentempel des Genusses der postmodernen Existenz, wird zur Zeremonie, wird Mysterienspiel, Gestus und narzisstische Gratifikation.

Der «politische Inhalt» sieht sich jäh ausgehebelt durch Ellipsen um Nichtigkeiten und Sozialia wie die folgende, die ich aus der heutigen Unmenge ähnlicher herausgreife: «Die Redewendung 'Da hast du Schwein gehabt' ist eine Mikroaggression, die gezielt Muslime und Veganer (progressive Kräfte in unserer Kultur) angreift. Man sollte das verbieten»![4] Von dieser Art ist das Material, aus dem allein die Debatte heute noch besteht.

Die Republik kümmert sich im Wesentlichen nur noch um solches. Alles andere beschwatzt sie bloß. Die zeitgenössischen Senatoren überbieten sich in der Kurie mit moralisierenden Gedankengängen rund um Befindlichkeiten, um Angelegenheiten des nackten Einzelnen, und schielen dabei beständig auf den Prinzeps, der auf dem unsichtbaren Wagenstuhl sitzt und lächelnd zuhört, bereit einzugreifen, sollte sich einer von ihnen rhetorisch verirren. Noch ist dieser Prinzeps unsichtbar, wie auch sein Stuhl. Sichtbar wird er erst in einiger Zeit als der brandneue und zugleich uralte Gott, der stets «grösser» ist, als womit man ihn vergleicht.

So viel an dieser Stelle zur neuen Herrschaft, die grundlegend anders funktioniert als jene, die wir aus der Geschichte der modernen Republik kennen. Die Paladine

---

[4] Tweet, Bushra Harraq, 16.01.2019

des unsichtbaren Kaisers, die das Spiel lenken, und die heute manche als Konspiratoren einordnen möchten, etwa eine Figur wie George Soros in den USA, der Europa im Sinne des Prinzeps strukturierend «begleitet», sind die wahren Herrscher unserer Zeit, denen allüberall die Senatoren zulaufen und zudienen wie Klienten, spürend, dass hier wahre Macht ausgeübt wird.

Nur durch Teilhabe an der wahren Macht, der lebendigen Macht, lässt sich jetzt und in alle Zukunft noch republikanische Geltung erlangen. Der Auftritt des Erhabenen selbst bleibt stets imminent. Doch schickt er seine Statthalter vor, um selbst das letzte Wort zu behalten, das er freilich nie selbst spricht.

Man merkt, wenn man gewitzt ist, dass diese Konstellationen geeignet sind, das Insgesamt, wenn die Zeit reif dazu ist, quasi per Mausklick in eine Theokratie zu verwandeln. Der hierfür benötigte, rohe Glaube steht in den Toren des Okzidents. Im Islam gibt es keinen Stellvertreter des Einzelnen vor Gott, keinen Sohn Gottes, keinen Heiligen Geist. Der Einzelne tritt nackt und ohne Hilfe vor seinen Schöpfer, wenn es zum Gericht kommt. Genau diese Vereinfachung gegenüber dem Christentum ist es, was den Islam heute zum Thronprätendenten macht.

Wenn die Zeit reif ist, wird man jenen unsichtbaren Prinzeps Gott nennen – und zwar jenen, der «grösser» (akbar) ist als alles -, und in Se-kundenschnelle werden Republik, weltliche (westliche) Zivilisation und Freiheit kollabieren, ohne dass sie jemand noch vermissen wird.

Dann zeigt sich, was vorbereitet ist. Die Inthronisierung des nackten Einzelnen - als Folge der Shoa und des damit fundamentalisierten Menschenrechts – wird zur Blaupause für die Entmachtung dieses Einzelnen durch den, der «grösser» ist. So wie der nackte Einzelne heute schon «grösser» ist als der bekleidete, so ist jener zukünftige Weltgott «grösser» an und für sich, grösser als jede seiner Bestimmungen.

Die Entmachtung des bekleideten Einzelnen der Kulturen durch den nackten Prinzeps aller Kultur ist die Passform für dessen eigene Entmachtung. Die Zeit, die wir noch haben, bis es so weit ist, ist lediglich eine Funktion der Migration und von sonst nichts. Unsere westliche Welt ist noch genau so lange sie selbst, wenngleich dem Prinzeps unterworfen, als die Migration die «Statistik der Dinge» noch nicht grundlegend beherrscht.

Sinngemäß handelt es sich um eine Zeitspanne von einigen Generationen. Ganz wichtig ist dabei, dass man einsieht, dass der Umsturz nicht «dann» und nicht mit «dannzumaligen» Argumenten erklärt werden kann, sondern jetzt und mit zeitaktuellen Argumenten unserer Epoche erklärt ist. Die Wende, die Konstantin zugeschrieben wird, kann auch nicht mit der Schlacht an der Milvischen Brücke «erklärt» werden, oder mit der «dannzumaligen» Masse an Christen. Dieser Umsturz war bereits vorbereitet und erklärt in der res publica restituta (der altrömischen Variante der «geretteten Demokratie») des Augustus, wenn damals auch noch niemand etwas von «Christen» wissen konnte. Der wichtigste Trigger, der die Lawine dann ins Rollen brachte, war die Zerstörung Jerusalems und des Tempels durch Titus.

Unser eigener Sturz in einigen Generationen ist dem Kundigen seit 1945 abschließend erklärt. Damals dachte noch niemand an die Muslime. Das Triggerelement unserer Zeit fehlte damals noch. Es ist die gezielte Zerschlagung orientalischer Nationen, Libyens, Syriens, Iraks, des Yemen, Somalias, Afghanistans, Tschetscheniens. Die

Flutung der westlichen Staaten mit Migranten seit 2015 ist
die Folge, ganz wie es in der antiken Welt die Diaspora der
Juden und der Levantiner ins römische Reich war. Erst
nachdem die Diasporanten überall Zweigniederlassungen
ihrer originalen Welt errichtet hatten und zahlenmäßig be-
deutend genug waren, trat das Phänomen des Christentums
auf den Plan, das ein auf den Hellenismus-Romanismus zu-
geschnittenes Judentum war, geöffnet für die Heiden, die
darin, ihm zuzuströmen, eine ganz neue Machtpolitik ent-
falteten, eine ethisch-moralische, aufs rein Menschliche be-
zogene, wodurch sämtliche Themata der heidnischen Philosophie und der römischen Politik gleich-sam durch den
Augenblick der Erweckung kastriert waren.

Was ist Smenokratie? Smenokratie gibt es schon
lange unter dem Titel korporative Repräsentanz. Es handelt
sich um eine faschistische Auffassung des Gedankens der
Volksvertretung. Das Volk ist in seinen Ver-sammlungen
hierbei nicht durch seine Individuen vertreten, nicht durch
den Citoyen, den Bürger, sondern bloß im Rahmen von
Ständen, Zünften oder Korporationen. Im Grunde ist auch
die Parteiendemokratie eine Smenokratie. Doch hier sind
die smenoi - die Schwärme - immer noch politische Korporationen. In der faschistischen Variante handelt es sich
um Berufsgruppen, Zünfte, kulturelle Gruppierungen, Tal-
schaften, Brauchtumsgruppen.

Die linksgrüne, moderne Variante der Smenokratie
basiert auf Equality-Gruppen, sexuell konnotierten Gruppen, aber auch auf allerhand Interessengruppen, wie man
sie in der Welt der NGOs heute findet. Immer handelt es
sich um Gruppierungen auf der Basis einer menschenrechtlichen Qualifikation. Dahinter steckt ein regelrechter Men-
schenrechtsfaschismus. Es sind Urgruppen nackter Individuen. Bildhaft werden sie in der Regenbogenfahne und

unter einem Akronym wie LGBTQ*. Ergänzt wird das Universum der smenoi heute durch die grünen Schwärme.

Im Faschismus hatte die korporative Repräsentanz hauptsächlich ideologische Funktion, betrieb Akklamation oder wirkte volkstribunenhaft. In der modernen Version haben die smenoi in erster Linie die Funktion der Sicherung der nationalen Umsetzung menschenrechtlicher Postulate des Transnationalismus, insofern sind sie im Grunde ebenfalls ideologisch aktiv. Ihre Grundgesamtheit nennt sich Zivilgesellschaft. Diese ist trans-national und antinationalistisch. Es handelt sich hierbei um die Reichsgesellschaft des Prinzeps. Ihr Territorium ist das Territorium der Gültigkeit der Menschenrechte. Und da es sich um eine Verteilungsgesellschaft handelt, nicht um eine Steuerzahlergemeinschaft, ist diese Zivilgesellschaft grundlegend das, was ich an anderer Stelle die Kolosseumsgesellschaft genannt habe.

Der Versuch der Grünen in Deutschland, die 50%-Frauenquote im Parlament zu etablieren, bedeutet nichts Geringeres als den Tod der Demokratie durch Umprogrammierung des politischen Subjekts. Nicht mehr der Bürger (grammatikalisches Genus) bildet die Wurzel, sondern der Sexus. So gibt es fortan Bürgerinnen und Bürger, als handle es sich um zwei verschiedene biologische Arten. Darin steckt die Anerkennung eines rassistischen Postulats, dass das Körperliche das Geistige bedeute. Also ein kardinaler Widerspruch zur herrschenden Doktrin, der merkwürdiger-weise nicht auffällt.

Bisher glaubte man, dass Männer und Frauen nicht grundsätzlich anders denken und anders fühlen, daher musste man sie auch als politische Subjekte nicht von vornherein unterscheiden. Nun aber zeigt sich, dass gerade die Antirassisten und Antisexisten genau das glauben, dass das Körperliche das Geistige präjudiziere (wobei dies im

Genderismus zirkulär gehandhabt wird), und dass man deshalb das politische Subjekt pluralisieren müsse. Es handelt sich somit um eine neue Form der Typisierung, um einen menschenrechtlichen Rassismus.

Ist erst einmal diese Barriere gefallen, kann sich jeder Smenos als eigen-ständiges politisches Subjekt verstehen und auf eine Quote pochen. Aus dem Antifaschismus emergiert der Superfaschismus, aufgrund eines Denkfehlers, der seinerseits die Folge des Grundwiderspruchs ist, dass alle Menschen «gleich» seien, und daher ihre tatsächliche Verschiedenheit im Politischen repräsentiert werden müsse! Das macht die politischen Organe zu Foren der Repräsentation der «Gleichheit der Verschiedenen», Politik zur Feier, zur Parade von Equality-Gruppen, jedoch nicht vor der Autorität des «Volkes», sondern vor jener des Prinzipats «nackter» Einzelner. Die Republik wird zur Ständeorganisation der Sexualität, der Typen und Rassen, und zur Zeremonialbehörde der Equality, angesichts des bedeutungsvoll leeren Stuhls absoluter Macht.

Als Antwort auf einen Tweet von Katharina Schulze, Grünenchefin in Bayern, schrieb ich: «Sie haben etwas Grundlegendes an einem nichtfaschistischen Parlament übersehen: Es ist keine korporative Versammlung. Die Frauen als eine Art von Korporation aufzufassen, und nicht einfach als Citoyennes, ist eine faschistische Idee.» Frau Schulze hatte geschrieben: „Was mich an der Debatte nervt: Frauen sind nicht irgendeine Minderheit, sie sind gar keine Minderheit. Sie sind die Hälfte der Bevölkerung - und das Parlament ist ihre Vertretung. Darum braucht es dort Parität.»[5]

---

[5] Tweet, K. Schulze, 06.02.2019

Für die Republik alten Zuschnitts bedeutet ihre Smenokratisierung also den Todesstoß, obschon die Smenokratie behauptet, erstere «retten» zu wollen. Das ist einer der eklatanten Widersprüche unserer Zeit.

Smenokratie arbeitet - wie die herkömmliche Demokratie - mit einem Majoritätsbegriff, versteht darunter aber etwas anderes als die Republik. Um dies zu verdeutlichen, kann man sich das folgende Gedankenexperiment vor Augen führen:

Du hast 10 Kübel, von denen der erste mit 1 lt gefüllt ist und jeder weitere mit 1 lt mehr als der vorangehende. Jeder Kübel ergibt 1 Punkt. Die Kübelmehrheit beginnt bei 6 Punkten, also bei 6 Kübeln. Sind es die am wenigsten gefüllten, kommen auf 6 Punkte 21 lt. Sind es die am meisten gefüllten 49 lt. Man kann somit mit einer Kübelmehrheit weniger als die Hälfte des Gesamtinhalts von 55 lt, oder aber fast den gesamten Inhalt repräsentieren.

Der Vorteil der korporativen, smenokratischen Repräsentanz ist: Minderheit ist jederzeit Mehrheit, wenn man ein geeignetes Packaging dafür vorzugeben versteht. Um die Smenokratie in der Republik zu verankern, erfand man die Quotenregelung. Wenn man die Equalitygruppen alle gleichstark rechnet, sie quotiert, kann – gemäß des 10-Kübelmodells - eine kleine Minderheit von Individuen (Individuen im Sinne von Citoyens) die «Mehrheit» stellen.

Herkömmlichen Republikanern ist diese Fatalität entgangen. Die «gerettete Demokratie» der Smenokraten entspricht, historisch und politologisch gesehen, der res publica restituta Octavians. Beide Male übersahen die Demokraten, dass ihnen damit ihre altehrwürdige Staatsform weggenommen war.

Ein Begriff, der in der Smenokratie Mode ist, ist Intersektionalität. Unter ihr versteht man die Allianz von Linken, Feministinnen und muslimischen Gruppierungen. Im Grunde geht es hier um nichts anderes als um das smenokratische Mehrheitsprinzip. Intersektionelle Allianzen ermöglichen antidemokratische Mehrheiten wie im 10-Kübelmodell. Freilich nennt niemand sie antidemokratisch. Denn der Demokratiebegriff wird von den Smenokraten weiterhin verwendet, mit geänderter Semantik, worüber sie sich natürlich ausschweigen.

Es ist damit wie mit dem kulturellen Niedergang. Die semantische Änderung bleibt unbemerkt, weil die Wahrnehmung der Sache gleichzeitig auch ändert. So können heute glasklare Antidemokraten lauthals Demokratie fordern, und sie können jene, welche die alte Demokratie der Bevölkerungsrepräsentanz wiederherstellen möchten, Rechtspopulisten, ja Faschisten nennen. Die Eliten in den Medienhäusern transportieren diese semantische Verschiebung bereitwillig, weil sie im Sold führender, transnationaler Smenokraten stehen, durch die sie «aufgeklärt» und letztlich «gleichgeschaltet» wurden.

Wieso ist es nötig, heute von einer anderen Form der Herrschaft zu sprechen als von Demokratie? Die linksgrünen Bewegungen und das weite Feld der nongouvernementalen Organisationen und genderideologischen Gruppierungen fordern, dass die Demokratie «gerettet» werde, indem verschiedene Gruppen in ihr als solche repräsentiert («fest verdrahtet») sein müssten. Dabei gehen sie von der Idee aus, dass es für den Staat primärere Bezugssysteme gebe als den Citoyen. Diese primären Bezugssysteme beträfen in erster Linie die Geschlechtlichkeit, aber auch die Sprachlichkeit, die Provenienz, die Religiosität. Alle solchen, sich selbst formierenden Gruppen werden als «gleichwertig» gesehen, in Bezug auf das Gleichheitsgebot im modernen Rechtstaat, der auf Menschenrecht und Nationalität aufsetzt.

Man stipuliert somit, dass in einer modernen Demokratie die gleich-wertigen Gruppen im Grunde wie Individuen behandelt werden müssen, denen allen dasselbe Recht und dieselben Pflichten zukämen (Verbot der Diskrimination). Die Egalität der Individuen übertrage sich auf solche Primärgruppen. Die Repräsentanz des «Volkes» setze sich somit nicht mehr primär aus Citoyens zusammen, sondern aus Equality-Gruppen. Das bedeutet, dass gleichsam datenbanktechnisch die Wurzel nicht mehr der individuelle, geschlechtsneutrale Bürger ist, sondern die Equality-Gruppe, der jemand angehören möchte, zum Beispiel jene der Frauen. Und erst, wenn das Individuum als Mitglied einer solchen Gruppe Mitglied des Souveräns geworden ist, sei es auch eine Citoyenne - und nicht umgekehrt.

Damit verbunden ist die Aushöhlung des Begriffs der Nation, die bis anhin weitgehend mit dem Staatsvolk einer Demokratie identisch war. Der Begriff der Nation, der in sich Autochthonie und Kulturidentität vereint und etwas mit der «Geburt» zu tun hat, macht fortan also nur noch bedingt Sinn. Vielmehr sei der Mensch nun primär in Gruppen verwurzelt, die global und transnational formierbar sind. Der Term des Staatsvolks beziehe sich somit lediglich auf die Individuen im betreffenden Staatsgebiet, und da sie transnationalen (Geschlechts-)Gruppen angehören, müsste ein jedes solche Individuum Teil jenes politischen Systems sein können, auf dessen Territorium es sich gerade aufhalte. Die Unterscheidung zwischen Einheimischen und Fremden wird somit obsolet.

Das wiederum bringt es mit sich, dass der vormalige Nationalstaat und seine Demokratie unter der Hand zum Sektor eines viel größeren, im Prinzip eines globalen

Gebildes geworden sind, der sich nicht mehr kulturell oder ethnisch begründen lässt, sondern nur noch verwaltungstechnisch. Im Grunde ist er Reichsprovinz. In einer solchen sind Multikulturalität und Multiethnizität Grundlage der politischen Struktur.

Binnen weniger Jahre ist eine Stimmung aufgekommen, die alle dafür anfälligen Menschen in einen Dauertaumel versetzt hat, angefangen von den Grünen in Deutschland bis hin zu den neuen Demokraten unter Nancy Pelosi, angeführt von der neuen Maria egalitär-erotischer Verheißung, Alexandria Ocasio-Cortez, und der islamischen Rumpelstilzin Ilhan Omar (im Dienste Qatars). Innert weniger Monate überstürzten sich die Ereignisse, nun sieht es so aus, als würde aus den alten Knochen des Abendlandes plötzlich junges, fremdes Leben sprießen. Man erinnert sich nun, wenn man gewitzt ist und nicht dumpf vor sich hin wählt, dass es zahlreiche Politikerinnen und Politiker gab und gibt, die mit den eigenen Völkern und ihren Menschen nichts mehr am Hut haben, ja geradezu von Hass erfüllt sind, wenn sie an sich selbst denken. Im Folgenden einige Zitate dieser postnationalen, postmodernen Flagellanten[6]:

«Frau Dr. Angela Merkel (CDU) sagte in einer Rede am 16. Juni 2005 zum 60-jährigen Bestehen der CDU in Berlin (Quelle): 'Denn wir haben wahrlich keinen Rechtsanspruch auf Demokratie und soziale Marktwirtschaft auf alle Ewigkeit.'» Und der Vorstand der Bündnis90/Die Grünen, München ließ verlauten: «Es geht nicht um Recht oder Unrecht in der Einwanderungsdebatte, uns geht es zuerst um die Zurückdrängung des deutschen Bevölkerungsanteils in diesem Land.» Joschka Fischer, einstiger

---

6 1truth2prevail, «Deutschfeindliche Zitate von BRD-Politikern und anderen einflussreichen Personen», 07.06.2014

Außenminister der Bundesrepublik Deutschland, Bündnis90/Die Grünen, schrieb, man kennt es inzwischen (Quelle: Pflasterstrand 1982; zitiert "Nation & Europa, Mai 1999, Seite 7): «Deutsche Helden müsste die Welt, tollwütigen Hunden gleich, einfach totschlagen.» Und in seinem Buch „Risiko Deutschland", Die Welt 07.02.2005, schreibt er: «Deutschland muss von außen eingehegt, und von innen durch Zustrom heterogenisiert, quasi verdünnt werden.» Auch soll er Folgendes gesagt haben: «Deutsch-land ist ein Problem, weil die Deutschen fleißiger, disziplinierter und begabter als der Rest Europas (und der Welt) sind. Das wird immer wieder zu 'Ungleichgewichten' führen. Dem kann aber gegengesteuert werden, indem so viel Geld wie nur möglich aus Deutschland herausgeleitet wird. Es ist vollkommen egal wofür, es kann auch radikal verschwendet werden – Hauptsache, die Deutschen haben es nicht. Schon ist die Welt gerettet.» Çigdem Akkaya, die stellvertretende Direktorin des Essener Zentrums für Türkeistudien, schrieb über die Integration von Ausländern in Deutsch-land (Quelle: Westdeutsche Allgemeine Zeitung vom 27. März 2002): «Minarette gehören künftig zum Alltag.» - «Die Leute werden endlich Abschied nehmen von der Illusion, Deutschland gehöre den Deutschen.» - «Ohne Zuwanderer hat dieses Land keine Zukunft.» Ins selbe Horn blies Ursula von der Leyen, CDU, derzeit Verteidigungsministerin: «Migranten-kinder sind unsere Zukunft.» - «Ein Blick auf die demografische Entwicklung zeigt, wie sehr wir diese Kinder brauchen: In 20, 30 Jahren erwarten wir von diesen Kindern, dass sie innovativ und verantwortungsbewusst dieses Land tragen.» Was für eine welthistorisch einmalige, großartige Erwartung! Cem Özdemir, Bundestagsabgeordneter Bündnis90/Die Grünen, habe auf dem Parteitag der Grünen 1998 in Bonn-Bad Godesberg gesagt: «Der deutsche Nachwuchs heißt jetzt Mustafa, Giovanni und Ali!» Und in einem Interview mit Susanne

Zeller-Hirzel, letzte Überlebende der Weißen Rose, sagte er: «Wir wollen, dass Deutschland islamisch wird.» In der Zeitung Hürriyet vom 8.9.98 (auf Türkisch), abgedruckt im Focus am 14.9.98, sagte Özdemir: «Was unsere Urväter vor den Toren Wiens nicht geschafft haben, werden wir mit unserem Verstand schaffen!» Auch Ken-an Kolat, Vorsitzender der Türkischen Gemeinde in Deutschland (TGD), erwartet ganz klar die Machtübernahme durch die Einwanderer (Berliner Umschau, 23.10.2013): «In zwanzig Jahren werden Migranten 75 Prozent der Bevölkerung ausmachen. Deutschland muss diese Realität sehen.» Renate Schmidt, ehemalige Bundesfamilienministerin (SPD), sagte am 14.03.1987 im Bayerischen Rundfunk: «Die Frage, [ob die Deutschen aussterben], das ist für mich eine, die ich an allerletzter Stelle stelle, weil dieses ist mir, also so wie sie hier gestellt wird, verhältnismäßig wurscht.» Franziska Drohsel, SPD, ehemalige Bundesvorsitzende der Jusos, gab ihre Assoziation zum Begriff «Vaterland» wie folgt zum Besten (Cicero TV, F. Drohsel im Streitgespräch mit Philipp Mißfelder von d. Jungen Union, Aug 2008): «Deutsche Nation, das ist für mich überhaupt nichts, worauf ich mich positiv beziehe – würde ich politisch sogar bekämpfen.» Sieglinde Riess, Bündnis90/Die Grünen und Verdi-Fachbereichsleiterin, sagte vor dem Parlament im Bundestag offenbar (Quelle: FAZ vom 06.09.1989): «Ich wollte, dass Frankreich bis zur Elbe reicht und Polen direkt an Frank-reich grenzt.» Christin Löchner, DIE LINKE (Quelle), meinte ganz ungeniert: «Es mag Sie vielleicht überraschen, aber ich bin eine Volksverräterin. Ich liebe und fördere den Volkstod, beglückwünsche Polen für das erlangte Gebiet und die Tschech/innen für die verdiente Ruhe vor den Sudetendeutschen.» Claudia Roth, Bundesvorsitzende Bündnis90/Die Grünen, beschrieb ihre Wunschvision zum Tag der Deutschen Einheit, gemäß der Welt am Sonntag vom 6. Februar 2005 so: «Am Nationalfeiertag der Deutschen ertrinken die Straßen in einem Meer aus roten Türkenflaggen und ein paar schwarzrotgoldenen Fahnen.» Und in RP Online (21.11.2004): «Der Islam ist nicht bloß als Gastarbeiterreligion zu tolerieren, sondern als Bestandteil unserer eigenen Kultur anzuerkennen.» - «Türkei ist zweite Heimat für mich, ich mach seit 20 Jahren Türkeipolitik.» - «Deutsche sind Nichtmigranten, mehr nicht!» Ibrahim El-Zayat, Präsident der Islamischen Gemeinschaft in Deutschland e.V. (IGD) und andere Posten (Quelle: Jugendzeitschrift der Muslimischen Jugend (MJ) TNT, Nr. 1/9, 1996, S.2) verkündete: «Die Zukunft des Islam in diesem, unserem Land, in Deutschland, gestalten wir, wir, die hier geboren und aufgewachsen sind, wir, die wir die deutsche Sprache sprechen und die Mentalität dieses Volkes kennen. Entscheidend ist, dass wir in diesem Land unsere Religionsfreiheit haben (auch wenn wir sie sehr häufig vor Gericht erst erstreiten müssen), und dass es keinen Grund gibt, nicht aktiv an der Neugestaltung dieser Gesellschaft mitzuwirken. Ich glaube nicht, dass es unmöglich ist, dass der Bundeskanzler im Jahre 2020 ein in Deutschland geborener und aufgewachsener Muslim ist, dass wir im Bundesverfassungsgericht einen muslimischen Richter oder eine muslimische Richterin haben, dass im Rundfunkrat auch ein muslimischer Vertreter sitzt, der die Wahrung der verfassungsmäßig garantierten Rechte der muslimischen Bürger sichert. [...] Dieses Land ist unser Land, und es ist unsere Pflicht, es positiv zu verändern. Mit der Hilfe Allahs werden wir es zu unserem Paradies auf der Erde machen, um es der islamischen Umma und der Menschheit insgesamt zur Verfügung zu stellen. Allah verändert die Lage eines Volkes erst, wenn das Volk seine Lage ändert.» M. Walid Nakschbandi, Geschäftsführer der Fernsehproduktionsfirma AVE, deutscher Staatsbürger afghanischer Herkunft und sagte (Quelle): «Ihr habt nur die Chance, mit uns zu leben. Ein Leben ohne uns wird es für Euch nicht mehr geben. Die Ibrahims, Stefanos, Marios, Laylas und Sorayas sind deutsche Realität. Ihr werdet es nicht verhindern können, dass bald ein türkischstämmiger Richter über Euch das Urteil fällt, ein pakistanischer Arzt Eure Krankheiten heilt, ein Tamile im Parlament Eure Gesetze mit verabschiedet und ein Bulgare der Bill Gates Eurer New Economy wird. Nicht Ihr werdet die Gesellschaft internationalisieren, modernisieren und humanisieren, sondern wir werden es tun – für Euch. Ihr seid bei diesem leidvollen Prozess lediglich Zaungäste, lästige Gaffer. Wir werden die deutsche Gesellschaft in Ost und West verändern.» Vural Öger, SPD Europa-Abgeordneter und Unternehmer von Öger Tours meinte, ähnlich wie Cem Özdemir: «Das, was Sultan Süleyman mit der Belagerung Wiens 1529 begonnen hat, werden wir über die Einwohner, mit unseren kräftigen Männern und gesunden Frauen, verwirklichen.» Und der ehemalige Danny le Rouge, Daniel Cohn-Bendit, Bündnis90/Die Grünen ließ sich so verlauten: «Wir, die Grünen, müssen dafür sorgen, so viele Ausländer wie möglich nach Deutschland zu holen. Wenn sie in Deutschland sind, müssen wir für ihr Wahlrecht kämpfen. Wenn wir das erreicht haben, werden wir den Stimmenanteil haben, den wir brauchen, um diese Republik zu verändern.» Nargess Eskandari-Grünberg, Bündnis90/Die Grünen, sagte in ihrer Antwort auf die Beschwerde zu Integrationsproblemen von 50 Anwohnern. (Quelle: Frankfurter Rundschau vom 13. November 2007). Augenzeugen sagten, es hieß wörtlich «...dann wandern Sie aus!» - «Migration ist in Frankfurt eine Tatsache. Wenn Ihnen das nicht passt, müssen Sie wo-anders hinziehen.»

In der Tat steht der Anästhesist mitsamt seiner Ausrüstung unmittelbar neben jeder und jedem von uns, bereit, den Hahnen nach Bedarf auf-zudrehen. Man nennt ihn Journalist, und seine Apparatur kennt man als das sogenannte Qualitätsmedium. Obige Zitate stammen denn auch nicht aus einem solchen, sondern werden dem interessierten Zeitgenossen nur im Internet zur Verfügung gestellt.

Damit die Smenokratie nachhaltig funktionieren kann, betreiben gewisse Weißkrägen im Norden und Westen ein eigentliches Fracking der Nationen. Die Ebene der Nation müsse verschwinden, fasst sie doch die Bevölkerungen zu Identitäten zusammen, die dem Geschäft im Weg stehen und lediglich kulturellen Wert besitzen. «EU should 'undermine nati-onal homogeneity' says UN migration chief», so Brian Wheeler, Political reporter, BBC News vom 21. Juni 2012.

Dieser «Migration Chief» war Peter Sutherland, ein Ire. Er ist einer der Hauptverantwortlichen für alles, was im Migrationsgeschäft heute läuft. «Peter Sutherland's global migration forum brings together 160 nations to discuss policy. The EU should "do its best to undermine" the "homogeneity" of its member states, the UN's special representative for migration has said. Peter Sutherland told peers the future prosperity of many EU states depended on them becoming multicultural. He also suggested the UK government's immigration policy had no basis in international law. He was being quizzed by the Lords EU home affairs sub-committee which is investigating global migration. Mr Sutherland, who is non-executive chairman of Goldman Sachs International and a former chair-man of oil giant BP, heads the Global Forum on Migration and Development, which brings together representatives of 160 nations to share policy ideas. He told the House of Lords committee migration was a "crucial dynamic for economic growth" in some EU nations "however difficult it may be to explain this to the citizens of those states". An ageing or declining native population in countries like Germany or southern

EU states was the "key argument and, I hesitate to the use word because people have attacked it, for the development of multicultural states", he added. "It's impossible to consider that the degree of homogeneity which is implied by the other argument can survive because states have to become more open states, in terms of the people who inhabit them. Just as the United Kingdom has demonstrated." At the most basic level individuals should have a freedom of choice. The UN special representative on migration was also quizzed about what the EU should do about evidence from the Organisation for Economic Cooperation and Development (OECD) that employment rates among migrants were higher in the US and Australia than EU countries. He told the committee: "The United States, or Australia and New Zealand, are migrant societies and therefore they accommodate more readily those from other backgrounds than we do ourselves, who still nurse a sense of our homogeneity and difference from others. "And that's precisely what the European Union, in my view, should be doing its best to undermine." Mr Sutherland recently argued, in a lecture to the London School of Economics, of which he is chairman, that there was a "shift from states selecting migrants to migrants selecting states" and the EU's ability to compete at a "global level" was at risk. In evidence to the Lords committee, he urged EU member states to work together more closely on migration policy and advocated a global ap-proach to the issue - criticising the UK government's attempt to cut net migration from its current level to "tens of thousands" a year through visa restrictions. British higher education chiefs want non-EU overseas stu-dents to be exempted from migration statistics and say visa restrictions brought in to help the government meet its target will damage Britain's economic competitiveness. But immigration minister Damian Green has said exempting foreign students would amount to "fiddling" the figures and the current method of counting was approved by the UN. Committee chairman Lord Hannay, a crossbench peer and a former British ambassa-dor to the UN, said Mr Green's claim of UN backing for including stu-dents in migration figures "frankly doesn't hold water - this is not a piece of international law". Mr Sutherland, a former Attorney General of Ire-land, agreed, saying: "Absolutely not. It provides absolutely no justifica-tion at all for the position they are talking about." He said the policy ris-ked Britain's traditional status as "tolerant, open society" and would be "mas-sively damaging" to its higher education sector both financially and intel-lectually. "It's very important that we should not send a signal from this country, either to potential students of the highest quality, or to academic staff, that this is in some way an unsympathetic environment in which to seek visas or whatever other per-missions are required... and I would be fearful that that could be a signal." Mr Sutherland, who has attended mee-tings of The Bilderberg Group, a top level international net-working orga-nisation often criticised for its alleged se-crecy, called on EU states to stop targeting "highly skilled" migrants, arguing that "at the most basic level individuals should have a freedom of choice" about whether to come and study or work in another country. Mr Sutherland also briefed the peers on plans for the Global Migration and Development Forum's next annual conference in Mauritius in November, adding: "The UK has been very construc-tively engaged in this whole process from the beginning and very supportive of me personally." Asked afterwards how much the UK had contributed to the forum's running costs in the six years it had been in existence, he said it was a relatively small sum in the region of "tens of thousands".

Um nun aber wirklich zu verstehen, was in unserer Zeit geschieht, genügen solche Einsichten allein noch nicht. Es braucht für ein umfassendes Verständnis wesentlich mehr, wie die täglichen Debatten und Ereignis-meldungen in den Medien und in den Sozialforen zeigen.

Es besteht ein argumentativer Ringschluss zwischen Prinzeps, Politik, Erscheinungsvielfalt, politischer Skepsis und antifaschistischer Aktion.

Grundsätzlich steht das Menschenrecht ganz zuoberst und kommt stets zuallererst. Das bedeutet, dass es keine andere politisch-moralisch-ethische Substanz geben kann als den nackten Einzelnen, der auch wirklich existiert. Der abstrakte Mensch ist damit nicht gemeint. Gemeint ist immer der konkrete Mensch. Doch auch bei diesem gibt es noch eine Hierarchie. Wer noch ein Attribut besitzt, zum Beispiel eine Nationalität, oder «Whiteness», ist noch nicht nackt und rangiert darum nicht zuoberst. Zuoberst rangiert jener Einzelne, der keinerlei Attribute mehr besitzt, der somit nackt ist. Idealtypisch ist das der Flüchtling. Nicht nur hat dieser - weil er seine Dokumente wegwarf - keine Nationalität, er besitzt auch nichts, ist radikal verletzlich, schutzlos und rechtlich und wirtschaftlich handlungsunfähig. Im Grunde besitzt er keine gesellschaftliche Identität, er besteht nur noch aus Körper und Psyche, Leib und Seele.

Dieser nackte Einzelne hat nun im politischen System der Nachkriegs-doktrin (NKD) die Pole Position. Ihm hat alles unterworfen zu sein, auch jedes andere Recht. Denn es gibt nichts, was gegen seine Interessen noch aufgewogen werden dürfte, wenn es zu Konfrontation kommt. Die NKD-bestimmte Politik ist somit eine Politik des nackten (nicht weißen, «deprivilegierten») Menschen, richtet sich nach dem Interesse des Prinzeps, der als Primus inter pares fungiert und sich als erhaben begreift (lat. augustus). Er steht nicht explizit hierarchisch über allen, wie zum Beispiel der König oder der Tyrann, sondern implizit, indem er erhaben ist. Rechtlich sind wir uns gleichgestellt, was darin zum Ausdruck gelangt, dass jede und jeder von uns erhaben ist, sobald wir uns im obigen Sinne nackt ein-bringen.

Die NKD-bestimmte Politik wird somit Ziele verfolgen und Realitäten schaffen, die in Bezug auf das monistische Menschenrecht und die Stellung des Prinzeps sogenannt analytisch sind. Das heißt, sie stellen Schluss-folgerungen aus diesem Setting dar. Sie können nicht zugleich auch noch anderen Prinzipien dienen, etwa der eigenen Kultur oder einer Unterscheidung in Tüchtige und Untüchtige. Solche Prinzipien existieren nicht mehr. Mit anderen Worten wird die NKD-bestimmte Politik zwingend eine Welt erschaffen, die im Widerspruch zu anderen Substanzen steht, im Widerspruch zu Kultur, Herkunft, Besitzstand, und so weiter, diese Topoi als Substanzen leugnend. Im extremen Fall wird sie die Welt – ja den Planeten - im Dienst des Prinzeps ganz aufgeben müssen.

Zeitgenossen, naiv wie sie sind, begreifen das als einen Irrsinn, dem doch um Gottes willen keine Ernsthaftigkeit zukomme, der überwunden werden müsse! Doch wer sich irrt, sind sie selbst. Das NKD-System ist ungleich viel brutaler, als sie es sich in ihren schlimmsten Alpträumen vorstellen können. Denn jeder Zweifel an der durch die NKD bestimmten Politik, jeder Korrekturwunsch gegenüber der Widersprüchlichkeit dieser Politik zur Erscheinungswelt einer konkreten Kultur und gewachsenen Tradition ist in dieser Politik als der Sündenfall bereits enthalten und wird damit systematisch prognostiziert, und damit immer auch provoziert. Denn diese Kritik und dieser Zweifel negieren in ihrem Kern das monistische Menschenrecht und damit die Position des Prinzeps in der Republik und stipulieren weitere Rechtssysteme und Rechtsgüter von vergleichbar gesellschaftlicher Relevanz, reden also einem

Substanzpluralismus das Wort. Dieser ist jedoch im Menschenrecht der NKD bereits ausgeschlossen worden.

Schlösse das Menschenrecht den Pluralismus nicht aus, könnte man eine Rechtsgutabwägung rechtfertigen, bei der der nackte Einzelne einem anderen Rechtsgut geopfert werden muss. Mit anderen Worten ließe sich so die Shoa rechtfertigen. Dazu müsste man nur eine philosophisch-ethische Klärung vornehmen, die etwa zum Schluss gelangt, dass beispielsweise eine bestimmte Kultur vor ein bestimmtes Individuum geht. Treibt man das weiter, müsste man am Schluss «Auschwitz» sogar anordnen und umsetzen, wie es Himmler in einer seiner Posener Geheim-reden von 1943 getan hatte.

Kommt also in der «geretteten Demokratie» des Prinzipats ein Zweifel an der Rechtmäßigkeit der Folgen der NKD-bestimmten Politik auf, kann dieser Zweifel nur bedeuten, dass hier jemand die Shoa relativiert, egal, ob er sich dessen bewusst ist oder nicht! Das heißt, ein solcher Zweifler ist strukturell ein «Nazi». Das gilt auch dann, wenn dieser Zweifler explizit gegen den Nationalsozialismus ist. Er durchschaut sich und seine Welt-sicht dann halt einfach (noch) nicht und muss diesbezüglich aufgeklärt werden. Organisiert er sich und will die NKD-bestimmte Politik korrigieren, wird antifaschistische Aktion zur gesellschaftlichen Pflicht, um die Stellung des Prinzeps zu verteidigen. Das heißt, dass der Augustus unserer Zeit die Antifa unter Vertrag hat. Es ist von größter Wichtigkeit, dass man begreift, dass es hier nicht um die Demokratie als solche geht, vielmehr geht es um ihren Überwinder, um den Prinzeps. Eine bereits entmachtete Demokratie verteidigt sich, indem sie die Interessen des Prinzeps vertritt.

Wie man sieht, wenn man diese Erläuterungen begriffen hat, bildet die Argumentation einen Ring. Ich nenne ihn den Ring der Shoa. Er hat nicht von Ungefähr eine gewisse Ähnlichkeit mit jenem System des Octavian, das wir als Schablone verwendet haben. Die Stelle der Shoa nahm damals der Bürgerkrieg ein, als jenes Ereignis, das nie wieder passieren durfte. Kern dieses Bürgerkriegs war die Vernichtung des «Romanus», der damals die Position unseres heutigen nackten Menschen innehatte. Nie wieder durfte der «Romanus» vernichtet werden um irgendeines anderen Rechtsgutes wegen! Und so darf heute nie wieder ein Mensch vernichtet werden, um eines anderen Rechtsgutes wegen. Die Ringstruktur ist beider Orte identisch. Der res publica restituta entspricht heute die «gerettete Demokratie», und beide Systeme zementieren die Unterwerfung des Demokratischen unter das Autokratische, ohne dass man es merkt.

Ich habe an anderer Stelle die Shoa als das Siegel des Menschenrechts bezeichnet. Nun sollte klar geworden sein, wieso dem so ist. Durch die Shoa wurde aus dem Menschenrecht der Revolution von 1789 jenes der UNO von 1948, das heißt, das Menschenrecht wurde fundamentalisiert, so wie eine Religion fundamentalisiert werden kann. Wir leben seit 1945 unter einem Fundamentalismus. Ich nenne ihn auch den politischen Spinozismus des monistisch verstandenen Menschenrechts.

Der Ring der Shoa ist jedoch lediglich eine Instanziierung des zugrunde-liegenden Rings der Macht. Das heißt, er ist noch nicht abstrakt genug.

Die Urbegründung der Ringförmigkeit unserer Argumentation liefert der Ring der Macht. An die Stelle des Menschenrechts und des nackten Einzelnen, des Prinzeps, tritt hier das Eine, aufgefasst als die Totalität. Diese entlässt aus sich selbst die Vielfalt der Schöpfung, was unserer NKD-bestimmten Politik entspricht. Diese Vielfalt ist analytisch in Bezug auf das Eine. Damit entwickelt sich aber zwangsläufig auch der Widerspruch als Teil der Vielfalt, was im Ring der Shoa der Skepsis der «Nazis» entspricht. Doch dieser Widerspruch, da analytisch im Einen bereits enthalten, muss wiederum zwingend negiert, muss genichtet werden (als «die antifaschistische Aktion»), um das Eine zu erhalten als das Eine, was einen automatischen Ringschluss bewirkt. Eine Variante dieses Rings der Macht, die ich in Mr. Data und das Braitenberg-Universum diskutiert habe, ist der Gottes-Ring. Dort befindet sich an der Stelle des Einen Gott, und die «antifaschistische Aktion» heißt hier Dschihad, Glaubensanstrengung, Glaubenskrieg.

Die Frage bei diesem Ring der Macht ist nun, wovon man ausgeht. Geht man vom Einen aus? Geht man von der (analytischen) Vielfalt (Gehalt) aus? Geht man vom darin enthaltenen Widerspruch aus? Oder geht man von der Negation aus? Je nachdem sieht man den Kosmos anders. Doch bleibt sich strukturell alles gleich.

Versucht man aber den Ring der Macht aufzusprengen, misslingt es zwingend, wie man leicht einsieht, da er sich automatisch wieder schließt. Jeder Versuch, ihn zu spalten, erweitert ihn, verstärkt ihn. Wie in Tolkiens gewaltiger Metapher, auf die wir uns hier beziehen, kann er nur am Ort seiner Entstehung vernichtet werden. Doch wo liegt dieser Ort? Bei Tolkien liegt er im Schicksalsberg in Mordor. Doch wo liegt er im Geist? Der Ort seiner Entstehung ist der Moment, wo wir uns entschließen, das Bewusstsein aus der Objektivität auszuschließen, dennoch aber eine vollständige Beschreibung der Welt liefern zu wollen. Jede vollständige Welt, die ohne Bewusstsein dieselbe sei wie mit einem Bewusstsein, muss dieses als ein Strukturmerkmal, aber nicht als ein Bewusstsein enthalten. Das heißt, dass in ihr die Zweiteilung der Welt in Objekt und Subjekt objektiv enthalten sein muss. Diese Welt muss so beschaffen sein, dass sie sich stets ausfaltet und wieder zusammenfasst, dass sie automatisch ringförmig argumentiert. Automatisch darum, weil der Ringschluss selbst kein Teil der beschriebenen Welt sein kann. In dieser spiegelt sich also das Bewusstsein, das im Ring ausgeschlossen wird.

Lässt sich der Ring überhaupt auflösen? Ja, indem wir ein Wesen bauen, das diesen Prozess leibhaftig macht. Ein Wesen, das diesen Automatismus ist. Ich habe in Mr. Data und das Braitenberg-Universum diesen Ge-danken ins Zentrum gestellt und die Grundlage für den Bau eines solchen Wesens gelegt. Bei Tolkien ist dieses Wesen Gollum. Ohne seine Intervention könnte der Ring nicht an den Ort seiner Entstehung gelangen. Die Auflösung des Rings ist zugleich Gollums Tod. In meinem Büchlein Schöpfung reloaded habe ich eine Welt, die ohne ein Bewusstsein vollständig ist, Hyperperpetuum genannt, eine Welt, in der alle Dinge beliebig oft vor-kommen und wieder vernichtet werden können, eine Welt, in der $1=2=0$ ist. In ihr herrscht zwangsläufig absolute Beliebigkeit. Der Versuch der modernen Kosmologie, eine solche Welt zu formalisieren, in einer Theory of everything, ist zum Scheitern verurteilt. Denn sie kann nur etwas beschreiben, das dann gerade keiner Gesetzmäßigkeit mehr unterworfen sein kann, wo alle (auch alle zukünftigen) Gesetze explizit und implizit erfasst worden sind.

Was der geneigte Leser hier zur Kenntnis erhält, ist die Gleichförmigkeit und Austauschbarkeit aller Betrachtungs- und Lebensbereiche. Dieselbe Gesetzmäßigkeit regiert die Politik und den Kosmos, die Ontologie und die Ethik, unser Wahrheitsempfinden und den Urknall. Wie kann das sein? Ist das nicht ein schlechter Witz. Gewiss, das ist es! Er ist so schlecht, dass es sich, hat man ihn erst einmal ganz und gar erfasst, fortan in unerschütterlicher Heiterkeit leben lässt. Überwunden werden kann dieser Witz nicht, aber er nimmt allen Dingen ihre Schwere und dem Tod seinen Stachel.

Ich wurde und werde oft kritisiert, weil ich mich um die verschiedensten Dinge gleichzeitig Gedanken mache, was in der Sache unmöglich sei, die Zeit von Generalisten und Universalgelehrten sei vorüber. Es ist vielmehr umgekehrt. Wer sich nicht über alles zugleich Gedanken macht, macht sich über nichts Gedanken. Und wer nicht den Schlüssel in allen Dingen zugleich entdeckt, entdeckt ihn nie.

154

COVID-19 – Einer zieht Bilanz

Der folgende Artikel illustriert, was mit dem westlichen Geist in den letzten Jahren geschehen ist. Der Text befasst sich mit der Pandemie. Meinerseits habe ich in *CO-VID-19: Brücke nach Utopia* vor rund acht Monaten Ähnliches beschrieben. Es liegt auf der Hand.

Was ist geschehen? Der westliche Geist ist erstmals seit der Voraufklärung *flächendeckend* vom empirisch-logischen Denken, wie es unter anderen Popper vertreten hat, abgekommen und hat sich erneut einem „szenarischen" Denken verschrieben, wie es für die alte Zeit unter der Regentschaft der Kirche typisch war, ein Denken, das sich nach einer kurzen, empirisch-logischen Phase *festlegt*. Von diesem Punkt an wird es von einem „Szenario" regiert, wie die Dinge aufzufassen seien, einem Denkschema, das zweckursächlich vorgeht und nicht Ergebnis-offen ist.

Vor dem Hintergrund des Kirchendogmas war das verständlich. Heute folgt das festgelegte Denken einem sogenannt kritischen Dogma, das sich von den Früchten des Ackers des Marxismus und Neomarxismus ernährt. Was vor Jahrhunderten von Galilei bis Voltaire, um die Potenz des menschlichen Geistes zu befreien, radikal verworfen wurde, das teleologische Denken mit seiner *Zweckursächlichkeit*, die in einer von vornherein feststehenden, fundamentalisierten, in einem sakrosankten Narrativ bestehenden „Wahrheit" wurzelt („Herrschaft Gottes", „Herrschaft des Menschen"), ist wiederauferstanden. Anstatt, dass sich der wissenschaftliche Geist am Objekt *Sars-Cov-2* abmüht, soll er nun dazu beitragen, die normativen Urteile der gesellschaftspolitischen Ethik zu stärken, woraufhin er zweckursächlich zu arbeiten habe. Das ist ein Rückfall um mindestens dreihundert Jahre und ein Alignement mit Auffassungen, wie sie typisch für Religion und Ideologie sind.

In einem offenen Brief äußert sich ein ARD-Mitarbeiter kritisch zu anderthalb Jahren Corona-Berichterstattung: Ole Skambraks arbeitet seit 12 Jahren als redaktioneller Mitarbeiter und Redakteur beim öffentlich-rechtlichen Rundfunk.

Ole Skambraks, 05.10.2021, https://multipolar-magazin.de/artikel/ich-kann-nicht-mehr

Ich kann nicht mehr schweigen. Ich kann nicht mehr wortlos hinnehmen, was seit nunmehr anderthalb Jahren bei meinem Arbeitgeber, dem öffentlich-rechtlichen Rundfunk passiert. In den Statuten und Medienstaatsverträgen sind Dinge wie „Ausgewogenheit", „gesellschaftlicher Zusammenhalt" und „Diversität" in der Berichterstattung verankert. Praktiziert wird das genaue Gegenteil. Einen wahrhaftigen Diskurs und Austausch, in dem sich alle Teile der Gesellschaft wiederfinden, gibt es nicht.

Ich war von Anfang an der Ansicht, dass der öffentlich-rechtliche Rundfunk genau diesen Raum füllen sollte: den Dialog fördern zwischen Maßnahmenbefürwortern und Kritikerinnen, zwischen Menschen, die Angst haben vor dem Virus, und Menschen, die Angst haben ihre Grundrechte zu verlieren, zwischen Impfbefürworterinnen und Impfskeptikern. Doch seit anderthalb Jahren hat sich der Diskussionsraum erheblich verengt.

Wissenschaftlerinnen und Experten, die in der Zeit vor Corona respektiert und angesehen waren, denen Raum im öffentlichen Diskurs gegeben wurde, sind plötzlich Spinner, Aluhutträger oder Covidioten. Als vielzitiertes Beispiel sei hier auf Wolfgang Wodarg verwiesen. Er ist mehrfacher Facharzt, Epidemiologe und langjähriger

Gesundheitspolitiker. Bis zur Coronakrise war er zudem im Vorstand von Transparency International. 2010 hat er als Vorsitzender des Gesundheitsausschusses im Europarat den Einfluss der Pharmaindustrie bei der Schweinegrippe-Pandemie aufgedeckt. Damals konnte er seine Meinung im öffentlich-rechtlichen Rundfunk persönlich vertreten, seit Corona geht das nicht mehr. An seine Stelle sind sogenannte Faktenchecker getreten, die ihn diskreditieren.

Lähmender Konsens

Anstelle eines offenen Meinungsaustausches wurde ein „wissenschaftlicher Konsens" proklamiert, den es zu verteidigen gilt. Wer diesen anzweifelt und eine multidimensionale Perspektive auf die Pandemie einfordert, erntet Empörung und Häme.

Dieses Muster funktioniert auch innerhalb der Redaktionen. Seit anderthalb Jahren arbeite ich nicht mehr im tagesaktuellen Newsgeschehen, worüber ich sehr froh bin. An Entscheidungen, welche Themen wie umgesetzt werden, bin ich in meiner aktuellen Position nicht beteiligt. Ich beschreibe hier meine Wahrnehmung aus Redaktionskonferenzen und einer Analyse der Berichterstattung. Lange Zeit habe ich mich nicht aus der Rolle des Beobachters getraut, zu absolut und unisono wirkte der vermeintliche Konsens.

Seit einigen Monaten wage ich mich aufs Glatteis und bringe hier und da eine kritische Anmerkung in Konferenzen ein. Oft folgt darauf betroffenes Schweigen, manchmal ein „Dankeschön für den Hinweis" und manchmal eine Belehrung, warum das so nicht stimme. Berichterstattung ist daraus noch nie entstanden.

Das Ergebnis von anderthalb Jahren Corona ist eine Spaltung der Gesellschaft, die ihresgleichen sucht. Der öffentlich-rechtliche Rundfunk hat daran großen Anteil. Seiner Verantwortung, Brücken zwischen den Lagern zu bauen und Austausch zu fördern, kommt er immer seltener nach.

Oft wird das Argument angeführt, dass die Kritikerinnen eine kleine, nicht beachtenswerte Minderheit darstellen, denen man aus Proporzgründen nicht zu viel Platz einräumen dürfe. Dies sollte spätestens seit dem Referendum in der Schweiz über die Coronamaßnahmen widerlegt sein. Obwohl auch dort ein freier Meinungsaustausch in den Massenmedien nicht stattfindet, ging die Abstimmung nur 60:40 für die Regierung aus. (1) Kann man bei 40 % der abgegebenen Stimmen von einer kleinen Minderheit sprechen? Dabei sei noch erwähnt, dass die Schweizer Regierung die Corona-Hilfszahlungen an die Abstimmung geknüpft hatte, was die Entscheidung mancher, ihr Kreuzchen bei „Ja" zu machen, beeinflusst haben könnte.

159

Die Entwicklungen dieser Krise finden auf so vielen Ebenen statt und haben Auswirkungen auf alle Teile der Gesellschaft, dass es genau jetzt nicht weniger, sondern mehr freien Debattenraum braucht.

Dabei ist nicht aufschlussreich, was alles im öffentlich-rechtlichen Rundfunk diskutiert wird, sondern was unerwähnt bleibt. Die Gründe dafür sind vielfältig und bedürfen einer ehrlichen internen Analyse. Dabei helfen können die Publikationen des Medienwissenschaftlers und ehemaligen MDR-Rundfunkrats Uwe Krüger, wie zum Beispiel sein Buch „Mainstream – Warum wir den Medien nicht mehr trauen".

In jedem Fall erfordert es einiges an Mut, in Konferenzen, in denen Themen diskutiert und besprochen werden, gegen den Strom zu schwimmen. Oft setzt sich

derjenige durch, der seine Argumente am eloquentesten
vortragen kann, im Zweifel entscheidet natürlich die Redaktionsleitung. Schon sehr früh galt die Gleichung, dass
Kritik am Coronakurs der Regierung dem rechten Spekt-
rum angehört. Welche Redakteurin wagt es da noch, einen
Gedanken in diese Richtung zu äußern?

Offene Fragen

So ist die Liste der Ungereimtheiten und offenen Fragen, die keine substanzielle Berichterstattung bekommen
haben, sehr groß:

Warum wissen wir so wenig über „gain of function
research" (Forschung daran, wie man Viren für den Menschen gefährlicher machen kann)?

Warum steht im neuen Infektionsschutzgesetz, dass
das Grundrecht der körperlichen Unversehrtheit und die
Unverletzlichkeit der Wohnung fortan eingeschränkt werden kann – auch unabhängig von einer epidemischen Lage?

Warum müssen sich Menschen, die bereits Covid-19
hatten, nochmal impfen, obwohl sie mindestens genauso
gut geschützt sind, wie geimpfte Menschen?

Warum wird über das „Event 201" und die globalen
Pandemieübungen im Vorfeld der Ausbreitung von SARS-
CoV-2 nicht oder nur in Verbindung mit Verschwörungs-
mythen gesprochen? (2)

Warum wurde das den Medien bekannte, interne Pa-
pier aus dem Bundesinnenministerium nicht in Gänze veröffentlicht – und in der Öffentlichkeit diskutiert, in dem
gefordert wurde, dass Behörden eine „Schockwirkung" er-
zielen müssten, um Auswirkungen der Corona-Pandemie
auf die menschliche Gesellschaft zu verdeutlichen?

Warum schafft es die Studie von Prof. Ioannidis zur Überlebensrate (99,41 % bei unter 70-Jährigen) in keine Headline, die fatal falschen Hochrechnungen des Imperial College aber schon (Neil Fergusson prophezeite im Frühjahr 2020 eine halbe Million Coronatote in Großbritannien und über 2 Millionen in den USA.)?

Warum steht in einem Gutachten, erstellt für das Bundesgesundheitsministerium, dass die Auslastung der Krankenhäuser im Jahr 2020 durch Covid-19-Patienten nur 2% betragen hat?

Warum hat Bremen mit Abstand die höchste Inzidenz (113 am 4.10.21) und gleichzeitig mit Abstand die höchste Impfquote in Deutschland (79 %)?

Warum sind Zahlungen von 4 Millionen Euro eingegangen auf einem Familienkonto der EU-Gesundheitskommissarin Stella Kyriakides, die verantwortlich war für das Abschließen der ersten EU-Impfstoffverträge mit den Pharmakonzernen? (3)

Warum werden Menschen mit schweren Impfnebenwirkungen nicht im gleichen Maß portraitiert wie 2020 Menschen mit schweren Covid-19-Verläufen? (4)

Warum stört niemanden die unsaubere Zählweise bei „Impfdurchbrüchen"? (5)

Warum melden die Niederlande deutlich mehr Nebenwirkungen der Covid-19-Impfstoffe als andere Länder?

Warum hat sich die Wirksamkeitsbeschreibung der Covid-19-Impfstoffe auf der Seite des Paul-Ehrlich-Instituts in den letzten Wochen dreimal geändert? „COVID-19-Impfstoffe schützen vor Infektionen mit dem SARS-CoV-2 Virus." (15. August 2021) „COVID-19-Impfstoffe schützen vor einem schweren Verlauf einer Infektion mit dem SARS-CoV-2 Virus." (7. September 2021) „COVID-19-Impfstoffe sind indiziert zur aktiven Immunisierung zur Vorbeugung der durch das SARS-CoV-2-Virus verursachten COVID-19-Erkrankung." (27. September 2021) (6)

Auf einige Punkte möchte ich im Detail eingehen.

„Gain of function" und „Lab leak"

Zu „gain of function research" – das ist Forschung, Viren gefährlicher zu machen, was im Institut für Virologie in Wuhan, China, betrieben und von den USA finanziert wurde – habe ich bis heute nichts Substanzielles gehört oder gelesen. Diese Forschung findet in sogenannten P4-Laboren statt, in denen seit Jahrzehnten daran gearbeitet wird, wie im Tierreich vorkommende Viren derart verändert werden können, dass sie auch für den Menschen gefährlich werden. ARD und ZDF haben um diese Thematik bis jetzt einen großen Bogen geschlagen – und das, obwohl hier deutlicher Diskussionsbedarf besteht. Eine erste zu diskutierende Frage könnte zum Beispiel sein: Wollen wir als Gesellschaft solche Forschung?

Zur „lab leak theory" – also der Annahme, dass SARS-CoV-2 aus einem Labor stammt – gibt es mittlerweile zahlreiche Berichte. Dabei muss erwähnt werden, dass dieses Thema im letzten Jahr sofort als Verschwörungsmythos gebrandmarkt wurde. Alternative Medien, die dieser Spur nachgegangen sind, wurden von Sozialen Netzwerken wie YouTube und Twitter verbannt und die Informationen gelöscht. Wissenschaftler, die diese These geäußert haben, wurden massiv angegriffen. Heute ist die „lab leak theory" mindestens genauso plausibel wie die Übertragung durch eine Fledermaus. Der amerikanische Investigativjournalist Paul Thacker hat im British Medical Journal die Ergebnisse seiner minutiösen Recherche veröffentlicht. Dazu schreibt Dr. Ingrid Mühlhauser, Professorin für Gesundheitswissenschaften an der Uni Hamburg:

„Schritt für Schritt zeigt er [Thacker] auf, wie Betreiber einer amerikanischen Laborgruppe gezielt eine Verschwörungstheorie entwickeln, um ihren Laborunfall in Wuhan als Verschwörung zu verschleiern. Gestützt wird der Mythos von renommierten Zeitschriften wie dem Lancet. Wissenschaftsjournalisten und Dienstleister für Faktenchecks übernehmen unreflektiert die Informationen. Beteiligte Wissenschaftler schweigen, aus Angst, Prestige und Forschungsförderung zu verlieren. Facebook blockiert fast ein Jahr lang Meldungen, die den natürlichen Ursprung von SARS-CoV-2 in Frage stellen. Sollte sich die These des Laborunfalls bestätigen, hätten ZDF und andere Medien Verschwörungsmythen verteidigt."

Ivermectin und Alternativen zur Impfung

Seit Monaten ist auch ersichtlich, dass es effektive und kostengünstige Behandlungsmittel für Covid-19 gibt, die nicht eingesetzt werden dürfen. Die Datenlage dazu ist eindeutig. Doch die pseudowissenschaftlichen Desinformationskampagnen gegen diese Mittel sind bezeichnend für den Zustand unserer Medizin. Seit Jahrzehnten ist Hydroxychloroquin bekannt und wurde millionenfach bei Malaria und rheumatischen Erkrankungen eingesetzt. Im letzten Jahr wurde es plötzlich für gefährlich erklärt. Die Aussage von Präsident Donald Trump, Hydroxychloroquin sei ein „game changer" tat den Rest zur Diskreditierung. Die politische Räson ließ eine wissenschaftliche Auseinandersetzung mit HCQ nicht mehr zu.

Über die katastrophale Lage in Indien durch die Verbreitung der Deltavariante haben alle Medien im Frühjahr groß berichtet (damals war noch von der indischen Variante des Virus die Rede). Dass Indien die Situation relativ schnell unter Kontrolle gebracht hat und dass dabei das Medikament Ivermectin in großen Bundesstaaten wie Uttar Pradesh eine entscheidende Rolle gespielt hat, war dagegen nicht mehr berichtenswert. (7)

Ivermectin hat auch in Tschechien und der Slowakei eine vorläufige Zulassung für die Behandlung von Covid-19-Patienten. Darüber berichtet immerhin der MDR, wenn auch mit negativer Konnotation.

In der Liste möglicher Medikamente vom Bayerischen Rundfunk wird Ivermectin nicht einmal erwähnt, und zu Hydroxychloroquin werden nur negative und keine positiven Studien zitiert.

Das Molekül Clofoctol zeigte in Labortests im Sommer 2020 ebenfalls eine gute Wirkung gegen SARS-CoV-2. Bis 2005 war das Antibiotikum in Frankreich und Italien unter den Namen Octofene und Gramplus im Handel. Mehrfach wurde das Institut Pasteur in Lille von den französischen Behörden daran gehindert, eine Studie mit Covid-19-Patienten aufzusetzen. Nach mehreren Anläufen haben sie Anfang September den ersten Patienten dafür rekrutiert.

Warum stellen sich Gesundheitsbehörden vehement gegen Behandlungsmittel, die von Beginn der Pandemie an zur Verfügung gestanden hätten? Dazu hätte ich mir investigative Recherchen der ARD gewünscht! Es sei noch erwähnt, dass die neuen Corona-Impfstoffe nur deshalb eine Notzulassung bekommen konnten, weil es kein offiziell anerkanntes Behandlungsmittel für SARS-CoV-2 gegeben hat.

Es geht mir nicht darum, irgendein Corona-Wundermittel anzupreisen. Ich möchte Sachverhalte aufzeigen, die nicht die nötige Beachtung bekommen haben. Von Anfang an wurde im öffentlichen Diskurs die Meinung verbreitet, dass nur eine Impfung Abhilfe schaffen kann. Die WHO ging zeitweise sogar so weit, die Definition von „Herdenimmunität" in dem Sinne zu ändern, dass diese nur noch durch Impfungen erlangt werden könne und nicht mehr durch eine frühere Infektion wie das bisher der Fall war.

Doch was, wenn der eingeschlagene Weg eine Sackgasse ist?

Fragen zur Impfwirksamkeit

Daten aus den Ländern mit besonders hohen Impfquoten zeigen, dass Infektionen mit SARS-CoV-2 auch bei vollständig geimpften Personen keine Seltenheit, sondern an der Tagesordnung sind. Dr. Kobi Haviv, Direktor des Herzog-Krankenhauses in Jerusalem, spricht davon, dass 85 % bis 90 % der schwer Erkrankten auf seiner Intensivstation doppelt geimpft sind. (8)

Das Magazin Science schreibt auf ganz Israel bezogen: „Am 15. August wurden 514 Israelis mit schweren oder kritischen Covid-19-Erkrankungen ins Krankenhaus eingeliefert ... von diesen 514 Personen waren 59 % vollständig geimpft. Von den Geimpften waren 87 % 60 Jahre oder älter." Science zitiert einen israelischen Regierungsberater, der erklärt: „Eine der großen Geschichten aus Israel [ist]: 'Impfstoffe funktionieren, aber nicht gut genug'."

Weiterhin ist nunmehr ersichtlich, dass geimpfte Menschen genauso viel Virusmaterial der Deltavariante in sich tragen (und verbreiten) wie Ungeimpfte.

Was folgt aus dieser Datenlage in Deutschland? – Ein Lockdown speziell für Ungeimpfte oder etwas euphemistisch ausgedrückt: die „2G-Regel". Die Gesellschaft wird de facto in zwei Klassen gespalten. Die Geimpften bekommen ihre Freiheiten zurück (weil ohne Gefahrenpotenzial für andere), die Ungeimpften (weil mit Gefahrenpotenzial für andere) müssen sich Tests unterziehen, die sie selber bezahlen sollen, und bekommen im Quarantänefall keine Lohnfortzahlung mehr. Auch Beschäftigungsverbote und Kündigungen aufgrund des Impfstatus sind nicht mehr ausgeschlossen und Krankenkassen könnten Ungeimpften künftig ungünstigere Tarife vorschreiben. Warum dieser Druck auf Ungeimpfte? Wissenschaftlich ist das nicht begründbar und gesellschaftlich überaus schädlich.

Die durch Impfungen erzeugten Antikörper nehmen nach einigen Monaten deutlich ab. Der Blick nach Israel zeigt, nach der zweiten Impfung gibt es für die gesamte Bevölkerung jetzt die dritte Dosis und die vierte ist auch schon angekündigt. Wer nach sechs Monaten die Impfung nicht auffrischt, gilt nicht mehr als immun und verliert seinen „Green Pass" (der digitale Impfausweis, den Israel eingeführt hat). In den USA spricht Joe Biden mittlerweile von Corona-Boostern, die alle 5 Monate anstehen. Marion Pepper, Immunologin an der University of Washington, stellt diese Strategie allerdings in Frage. Gegenüber der New York Times erklärte sie, „die wiederholte Stimulierung der körpereigenen Abwehrkräfte kann auch zu einem Phänomen führen, das als 'Immunerschöpfung' bezeichnet wird."

Wenig wird die Tatsache diskutiert, dass durch natürliche Infektion eine deutlich robustere Immunität aufgebaut werden kann. „Ultrapotente Antikörper" oder eine „Super-Immunität" wurde bei Menschen gefunden, die sich im letzten Jahr mit SARS-CoV-2 infiziert hatten. Diese Antikörper reagieren bei über 20 verschiedenen

Virusmutationen und bleiben länger erhalten als Antikörper, die durch den Impfstoff erzeugt werden.

Immerhin hat Gesundheitsminister Jens Spahn nun angekündigt, dass auch ein Antikörpernachweis zulässig werden soll. Um offiziell als immun zu gelten, muss aber immer noch eine Impfung folgen. Wer versteht diese Logik? Ein CNN-Interview mit Dr. Anthony Fauci, dem Vorsitzenden des National Health Institute (das amerikanische Pendant des RKI) macht die Absurdität anschaulich. Menschen mit natürlicher Immunität werden bis jetzt von der Politik nicht bedacht!

Ich kenne eine Ärztin, die verzweifelt versucht, von Gesundheitsbehörden und dem RKI eine Antwort zu dieser Thematik zu bekommen: Einer ihrer Patienten hat einen IgG-Antikörper-Titer von 400 AU/ml – deutlich mehr als viele Impflinge. Sein Coronainfekt ist schon über sechs Monate her, damit gilt er nicht mehr als immun. Die Antwort, die sie bekommen hat war: „Impfen sie ihn doch!“, was die Ärztin bei diesem Titer ablehnt.

Fehlendes journalistisches Grundverständnis

Der von Politik und Medien propagierte Weg aus der Pandemie entpuppt sich als Dauerimpfabonnement. Wissenschaftlerinnen, die einen anderen Umgang mit Corona fordern, bekommen immer noch keine adäquate Bühne bei den öffentlich-rechtlichen Medien, wie die zum Teil diffamierende Berichterstattung zur Aktion #allesaufdentisch wieder gezeigt hat. Anstatt mit den Beteiligten über die Inhalte der Videos zu diskutieren, hat man sich Experten gesucht, die die Kampagne diskreditieren. Damit begehen die Öffentlich-Rechtlichen genau den Fehler, den sie #allesaufdentisch vorwerfen.

Der Spiegel-Journalist Anton Rainer sagte im SWR-Interview über die Videoaktion, es handle sich nicht um Interviews im klassischen Sinne: „Im Prinzip sieht man jeweils zwei Menschen, die sich gegenseitig Recht geben." Ich hatte Bauchschmerzen, nachdem ich mir die Berichterstattung meines Senders angehört hatte, und war vollkommen irritiert vom fehlenden journalistischen Grundverständnis auch die Gegenseite zu Wort kommen zu lassen. (9) Meine Bedenken habe ich den Beteiligten und der Redaktionsleitung per Mail mitgeteilt.

Ein klassischer Spruch ist in Konferenzen, dass ein Thema „schon gemacht" sei. So zum Beispiel, als ich die sehr wahrscheinliche Untererfassung von Impfkomplikationen angesprochen habe. Ja, richtig, das Thema wurde erörtert mit dem hauseigenen Experten, der – es wundert wenig – zu dem Schluss gekommen ist, dass es keine Untererfassung gibt. „Die andere Seite" wird zwar hier und da erwähnt, doch bekommt sie sehr selten Gesicht in der Form, dass tatsächlich mit den Menschen gesprochen wird, die kritische Standpunkte einnehmen.

Kritiker unter Druck

Die deutlichsten Kritikerinnen müssen mit Hausdurchsuchungen, Strafverfolgung, Kontosperrung, Versetzung oder Entlassung rechnen, bis hin zur Einweisung in die Psychiatrie. Auch wenn es sich um Meinungen handelt, deren Positionen man nicht teilt – in einem Rechtsstaat darf es so etwas nicht geben.

In den USA wird schon diskutiert, ob Wissenschaftskritik als „hate crime" (Verbrechen aus Hass) gelabelt werden sollte. Die Rockefeller Foundation hat 13,5 Millionen Dollar für die Zensur von Fehlinformationen im Gesundheitsbereich ausgelobt.

WDR-Fernsehdirektor Jörg Schönenborn hat erklärt „Fakten sind Fakten, die stehen fest". Wenn das so wäre, wie ist es dann möglich, dass hinter verschlossenen Türen sich Wissenschaftlerinnen unentwegt streiten und sich sogar in einigen recht grundlegenden Fragen zutiefst uneinig sind? So lange wir uns das nicht klar machen, führt jede Annahme einer vermeintlichen Objektivität in eine Sackgasse. Wir können uns „Realität" immer nur annähern – und das geht nur in einem offenen Diskurs der Meinungen und wissenschaftlichen Erkenntnisse.

Was gerade stattfindet, ist kein aufrichtiger Kampf gegen „fake news". Vielmehr entsteht der Eindruck, dass jegliche Informationen, Beweise oder Diskussionen, die im Gegensatz zum offiziellen Narrativ stehen, unterbunden werden.

Ein aktuelles Beispiel ist das sachliche und wissenschaftlich transparente Video des Informatikers Marcel Barz. Bei einer Rohdatenanalyse stellt Barz erstaunt fest, dass weder die Zahlen zur Übersterblichkeit noch zur Bettenbelegung oder zum Infektionsgeschehen dem entsprechen, was wir seit anderthalb Jahren von Medien und der Politik zu lesen oder hören bekommen. Er zeigt auch, wie man mit diesen Daten durchaus eine Pandemie darstellen kann, und erklärt, warum dies für ihn unredlich ist. Das Video wurde von You Tube bei 145.000 Klicks nach drei Tagen gelöscht (und erst nach Einspruch von Barz und viel Protest wieder zugänglich gemacht). Der angegebene Grund: „medizinische Fehlinformationen". Auch hier die Frage: Wer hat auf welcher Grundlage so entschieden?

Die Faktenchecker vom Volksverpetzer diskreditieren Marcel Barz als Fake. Das Urteil von Correctiv ist ein bisschen milder (Barz hat darauf öffentlich und ausführlich geantwortet). Das für das Bundesgesundheitsministerium erstellte Gutachten, dem zu entnehmen ist, dass die Auslastung der Krankenhäuser im Jahr 2020 durch Covid-19-Patienten nur 2 % betragen hat, gibt ihm recht. Barz hat mit seiner Analyse die Presse kontaktiert, doch keine Aufmerksamkeit bekommen. In einem funktionierenden Diskurs würden unsere Medien ihn zum Streitgespräch einladen.

Millionenfach werden Inhalte zu Corona-Themen mittlerweile gelöscht, wie die Journalistin Laurie Clarke im British Medical Journal zeigt. Facebook und Co. sind private Unternehmen und können deshalb entscheiden, was auf ihren Plattformen publiziert wird. Aber dürfen sie damit auch den Diskurs steuern?

Der öffentlich-rechtliche Rundfunk könnte einen wichtigen Ausgleich schaffen, indem er einen offenen Meinungsaustausch gewährleistet. Doch leider Fehlanzeige!

Digitale Impfpässe und Überwachung

Die Gates- und Rockefellerstiftungen haben die WHO-Richtlinien für die digitalen Impfpässe entworfen und finanziert. Weltweit werden sie mittlerweile eingeführt. Nur mit ihnen soll das öffentliche Leben möglich sein — egal, ob es darum geht, Straßenbahn zu fahren, einen Kaffee zu trinken oder eine medizinische Behandlung in Anspruch zu nehmen. Ein Beispiel aus Frankreich zeigt, das dieser digitale Ausweis auch nach Beendigung der Pandemie bestehen bleiben soll. Die Abgeordnete Emanuelle Ménard hat folgenden Zusatz im Gesetzestext gefordert: Der digitale Impfpass „endet, wenn die Verbreitung des Virus keine ausreichende Gefahr mehr darstellt, um seine Anwendung zu rechtfertigen." Ihr Änderungsvorschlag wurde abgelehnt. Damit ist der Schritt hin zur globalen Bevölkerungskontrolle oder gar zum Überwachungsstaat durch Projekte wie ID2020 sehr klein.

Australien testet mittlerweile eine Gesichtserkennungsapp, um sicher zu stellen, das Menschen in Quarantäne zu Hause bleiben. Israel benutzt dafür elektronische Armbänder. In einer italienischen Stadt werden Drohnen zur Temperaturmessung von Strandbesuchern getestet und in Frankreich wird gerade das Gesetz geändert, um Drohnenüberwachung großflächig möglich zu machen.

All diese Themen brauchen einen intensiven und kritischen Austausch innerhalb der Gesellschaft. Doch er findet nicht zur Genüge in der Berichterstattung unserer Rundfunkanstalten statt und war auch nicht Wahlkampfthema.

Verengter Blickwinkel

Die Art und Weise, wie der Blickwinkel des Diskurses verengt wird, ist bezeichnend für die „Gatekeeper der Information". Ein aktuelles Beispiel liefert Jan Böhmermann mit seiner Forderung, dem Virologen Hendrik Streeck und Professor Alexander S. Kekulé keine Bühne mehr zu geben, da sie nicht kompetent seien.

Abgesehen davon, dass die beiden Mediziner eine äußerst respektable Vita haben, hat Böhmermann damit die Scheuklappen neu justiert. Sollen jetzt nicht einmal mehr die Menschen gehört werden, die ihre Kritik am Regierungskurs mit Samthandschuhen präsentieren?

Die Einschränkung des Diskurses geht mittlerweile so weit, dass der Bayerische Rundfunk mehrfach bei der Übertragung von Parlamentsdebatten des Landtags die Reden von Abgeordneten, die kritisch zu den Maßnahmen stehen, nicht ausgestrahlt hat.

Sieht so das neue Demokratieverständnis des öffentlich-rechtlichen Rundfunks aus? Alternative

Medienplattformen florieren zuallererst, weil die Etablierten ihren Aufgaben als demokratisches Korrektiv nicht mehr nachkommen.

Es ist etwas schiefgelaufen

Lange Zeit konnte ich mit Stolz und Freude sagen, dass ich beim öffentlich-rechtlichen Rundfunk arbeite. Viele herausragende Recherchen, Formate und Inhalte kommen von ARD, ZDF und dem Deutschlandradio. Die Qualitätsstandards sind extrem hoch und tausende Mitarbeiterinnen und Mitarbeiter leisten auch unter erhöhtem Kostendruck und Sparvorgaben hervorragende Arbeit. Doch bei Corona ist etwas schiefgelaufen. Plötzlich nehme ich einen Tunnelblick und Scheuklappen wahr und einen vermeintlichen Konsens, der nicht mehr hinterfragt wird. (10)

Dass es sehr wohl anders geht, zeigt der österreichische Sender Servus TV. In der Sendung „Corona-Quartett" / „Talk im Hanger 7" kommen Befürworterinnen und Kritiker gleichermaßen zu Wort. Warum soll das im deutschen Fernsehen nicht möglich sein? (11) „Man darf nicht jedem Spinner eine Bühne geben", lautet die schnelle Antwort. Die false balance, der Umstand, dass seriöse wie auch unseriöse Meinungen gleichermaßen gehört werden, müsse vermieden werden. – Ein Totschlagargument, das zudem unwissenschaftlich ist. Das Grundprinzip der Wissenschaft ist das Anzweifeln, das Hinterfragen, das Überprüfen. Wenn das nicht mehr stattfindet, wird Wissenschaft zur Religion.

Ja, es gibt tatsächlich eine false balance. Es ist der blinde Fleck, der in unseren Köpfen eingekehrt ist, der keine wahrhaftige Auseinandersetzung mehr zulässt. Wir werfen uns scheinbare Fakten um die Ohren, aber können uns nicht mehr zuhören. Verachtung tritt an die Stelle von Verständnis, das Bekämpfen der anderen Meinung ersetzt Toleranz. Grundwerte unserer Gesellschaft werden hopladihop über Bord geworfen. Hier sagt man: Menschen, die sich nicht impfen wollen, seien bekloppt, dort heißt es: „Schande über die Schlafschafe".

Während wir streiten, merken wir nicht, dass sich die Welt um uns herum in rasender Geschwindigkeit ändert. So gut wie alle Bereiche unseres Lebens befinden sich in einer Transformation. Wie diese verläuft, liegt maßgeblich an unserer Fähigkeit der Kooperation, des Mitgefühls und des Bewusstseins von uns selbst und unseren Worten und Taten. Für unsere geistige Gesundheit täten wir gut daran, den Debattenraum zu öffnen – in Achtsamkeit, Respekt und Verständnis für unterschiedliche Perspektiven. (12)

Diese Zeilen schreibend komme ich mir vor wie ein Ketzer; jemand, der Hochverrat begeht und mit Strafe rechnen muss. Vielleicht ist es gar nicht so. Vielleicht riskiere ich hiermit gar nicht meinen Job, und Meinungsfreiheit und Pluralismus sind nicht gefährdet. Ich wünsche es mir sehr und freue mich über einen konstruktiven Austausch mit Kolleginnen und Kollegen.

(ole.skambraks@protonmail.com)

Über den Autor: Ole Skambraks, Jahrgang 1979, studierte Politikwissenschaften und Französisch an der Queen Mary University, London sowie Medienmanagement an der ESCP Business School, Paris. Er war Moderator, Reporter und Autor bei Radio France Internationale, Onlineredakteur und Community Manager bei cafebabel.com, Sendungsmanager der Morgenshow bei MDR Sputnik und Redakteur bei WDR Funkhaus Europa / Cosmo. Aktuell arbeitet er als Redakteur im Programm-Management/Sounddesign bei SWR2.

Weitere Artikel zum Thema:

Das neue Wahrheitsregime (Michael Meyen, 18.5.2021)

Die Mainstream-Blase (Ralf Arnold, 31.1.2021)

Im Dialog mit der ARD (Paul Schreyer, 26.11.2020)

Weltanschauung statt Journalismus (Marcus Klöckner, 31.8.2020)

Weiterführende Informationen des Autors

PS: Für Faktenchecker und Menschen, die an einer Multiperspektive interessiert sind, hier die Gegenpositionen zu den im Text besprochenen Punkten:

ARD-ZDF-Studie

https://www.rnd.de/medien/kritik-an-corona-berichterstattung-von-ard-und-zdf-sender-wehren-sich-gegen-medienstudie-C3B4FEKAM-NBFBNTKGO5EETMR3E.html

Prof. John Ioannidis

https://www.faz.net/aktuell/wissen/forscher-john-ioannidis-verharmlost-corona-und-provoziert-17290403.html

https://sciencebasedmedicine.org/what-the-heck-happened-to-john-ioannidis/

Imperial College Modelling

https://blogs.bmj.com/bmj/2020/10/07/covid-19-modelling-the-pandemic/

Gain of function reserch

https://www.gavi.org/vaccineswork/next-pandemic/nipah-virus

Hydroxychloroquin / Ivermectin

https://www.br.de/nachrichten/wissen/corona-malaria-mittel-hydroxychloroquin-bei-covid-19-unwirksam,RtghbZ4

https://www.who.int/publications/i/item/WHO-2019-nCoV-therapeutics-2021.2

https://www.forbes.com/sites/siladitya-ray/2021/05/11/indian-state-will-offer-ivermectin-to-entire-adult-population---even-as-who-warns-against-its-use-as-covid-19-treatment/

Immunität der Geimpften

https://www.biorxiv.org/content/10.1101/2021.08.23.457229v1

Immunität der Genesenen

https://science.orf.at/stories/3208411/?utm_source=pocket-newtab-global-de-DE

https://www.businessinsider.com/fauci-why-covid-vaccines-work-better-than-natural-infection-alone-2021-5

Impfdurchbrüche / Pandemie der Ungeimpften

https://www.spektrum.de/news/corona-impfung-
wie-viele-geimpfte-liegen-im-kranken-
haus/1921090#Echobox=1631206725

https://www.mdr.de/wissen/covid-corona-
impfdurchbrueche-sind-selten-100.html

https://www.businessinsider.de/wissenschaft/ge-
sundheit/neue-daten-risiko-an-covid-19-zu-sterben-fuer-
ungeimpfte-elfmal-hoeher-a/

Pseudoexperten / Wissenschaftsleugner / PLURV-
Prinzip

https://www.ndr.de/nachrichten/info/82-Corona-
virus-Update-Die-Lage-ist-ernst,podcastcoronavi-
rus300.html#Argument

Anmerkungen:

(1) Ausnahme war die Berichterstattung im Rahmen
des Referendums, während der das Schweizer Fernsehen
verpflichtet war beiden Parteien den gleichen Sendeplatz
einzuräumen (Video hier)

(2) Weitere Pandemie-Notfallübungen waren „Clade
X" (2018), „Atlantic Storm" (2005), „Global Mercury"
(2003) und „Dark Winter" (2001). Es ging bei diesen Übun-
gen immer auch um Informationsmanagement.

(3) Über die Zahlungen hat Panorama berichtet, doch
die Rolle von Kyriakides bezüglich der Corona-Impfstoff-
verträge nicht deutlich dargestellt. Ansonsten hat das
Thema in den Medien keine große Bedeutung gehabt.

(4) Zum Beispiel wurde im öffentlich-rechtlichen
Rundfunk kaum über den britischen Musiker Eric Clapton

berichtet, der heftige Reaktionen nach der Impfung entwickelt hat und diese heute bereut.

(5) Ein Impfdurchbruch liegt laut RKI vor, wenn ein Geimpfter sowohl einen positiven Test als auch Symptome vorweisen kann – bei Ungeimpften genügt ein positiver Test. Auf diese Weise fallen die Ungeimpften statistisch massiver ins Gewicht.

(6) Jeweils unter der Überschrift „Auflistung der zugelassenen Impfstoffe"; zurückliegende Webseiteneditionen des PEI zugänglich über das Internetarchiv Wayback Machine (hier, hier, und hier.

(7) Die WHO hat den indischen Bundesstaat Uttar Pradesh sogar gelobt für seine Coronapolitik, allerdings ohne Ivermectin zu erwähnen. Die Impfrate in Uttar Pradesh liegt unter 10 %.

(8) Siehe auch FDA-Meeting vom 17. September 2021, bei 5:47:25

(9) Die fairste Berichterstattung kommt vom BR, wobei auch hier über und nicht mit den Macherinnen gesprochen wurde. Der MDR bietet auf seinem Medienportal eine umfangreiche und differenzierte Analyse.

(10) Von einer tatsächlichen „Einheitsmeinung" der Öffentlich-Rechtlichen möchte ich nicht sprechen. Es hat immer wieder kritische Beiträge und Kurskorrekturen in der Berichterstattung gegeben. Doch ist es immer eine Frage des Kontextes, der Sendezeit und des Umfangs, wie ein Thema behandelt wird. Meine Beobachtungen haben auch andere Kolleginnen und Kollegen festgestellt.

(11) Frische Formate wie „Auf der Couch" vom ZDF machen Hoffnung, auch wenn ich nicht glaube, dass dort

demnächst eine Karina Reiß oder ein Wolfgang Wodarg Platz nehmen werden.

(12) Die Initiative „Dialog Kultur" eröffnet brauchbare Ansätze, die auch für Medienformate interessant sein können.